कालजयी कवि और उनका काव्य
रैदास

संपादक

माधव हाड़ा

राजपाल

ISBN : 9789393267184

पहला संस्करण : 2022 © राजपाल एण्ड सन्ज़

KAALJAYI KAVI AUR UNKA KAVYA : RAIDAS (Poetry)
Edited by Madhav Hada

राजपाल एण्ड सन्ज़

1590, मदरसा रोड, कश्मीरी गेट, दिल्ली–110006
फ़ोन : 011–23869812, 23865483, 23867791
e-mail : sales@rajpalpublishing.com
www.rajpalpublishing.com
www.facebook.com/rajpalandsons

क्रम

भूमिका

रैदास (1410–1500 ई.) मध्यकालीन भक्ति आंदोलन के प्रमुख सन्त-भक्तों में से एक हैं और अपनी निम्न जातीय संबद्धता के कारण इस आंदोलन में उनकी अलग पहचान है। उनके अपने समय में ख़ुद उन्होंने और उनके समकालीनों ने उनकी निम्न जातीय हैसियत का आग्रहपूर्वक उल्लेख किया है। अब जब हाशिये के समाजों में पहचान की चेतना बढ़ी है, तो रैदास का महत्त्व बहुत बढ़ गया है। रैदास का स्मरण अक्सर कबीर, नामदेव, सेन, पीपा, धन्ना आदि के साथ किया जाता है, लेकिन वे अपनी आस्था-विश्वास और धारणा में कुछ हद तक अलग भी हैं। वे न तो कबीर की तरह आक्रामक और उग्र हैं और न ही सूर-तुलसी के समान पूरी तरह सगुण समर्थक हैं। सगुण और निर्गुण को वे एक मानते हैं, लेकिन उनकी वाणी का झुकाव सगुण की तरफ़ ज़्यादा है। उनका निर्गुण अनंत-'निरगुण' है, लेकिन अपने उद्धार की, मुक्ति की कामना में वे 'शरणागत' सगुण ईश्वर के यहाँ हैं। अपने उद्धार के लिए वे सूर-तुलसी की तरह ही अपने अघ-पापों के हवाले देते दिखते हैं। अधिकांश मध्यकालीन सन्त-भक्तों की तरह भक्ति का श्रुत और स्मृत रूप ही उनकी वाणी में है, लेकिन 'अस्टादस', 'दसधा', 'निपख', 'कुलपखी' आदि शब्दों के निरंतर व्यवहार से लगता है कि कुछ हद तक वे इसकी सैद्धांतिकी और शास्त्र से भी अवगत थे। रैदास अपनी निम्न जातीय चमार हैसियत और इसके साथ जुड़े दारिद्रय और अपकर्म का बार-बार उल्लेख करते हैं, लेकिन इस कारण दूसरों के प्रति उनका नज़रिया कटुता और द्वेष का नहीं है। उनकी वाणी अपनी प्रकृति में बहुत विनम्र और शालीन है। बाह्याचारों के लिए उनके मन में सम्मान नहीं है, तीर्थ, व्रत आदि की कुछ सीमित आलोचना अपने समय और सन्त बिरादरी में चलन के कारण उनके यहाँ भी है, लेकिन इनको लेकर भी वे बहुत आक्रामक नहीं हैं। भक्ति का पारंपरिक रूप, जिसमें प्रपत्ति-शरणागति, एकांत निष्ठा और समर्पण प्रमुख हैं, उनकी वाणी में उनके प्रचारित सन्त रूप

पर भारी पड़ता है। भगवान का निर्गुण और निराकार रूप उनकी स्मृति में निरंतर रहता है, लेकिन उनका पतित उद्धारक रूप उनकी वाणी में सर्वोपरि है। वे बार-बार सूर-तुलसी की तरह भगवान के पतित उद्धारक रूप के उदाहरण देते हैं। रैदास की वाणी की कोई सम्यक् समझ केवल पारंपरिक वर्गीकरण में उनको 'सन्त' मानकर नहीं बन सकती। उनमें 'शरणागति' का स्वर इतना मुखर और प्रबल है कि लगता है कि उनका सन्त शरणागति के आग्रह के समय सूर-तुलसी जैसा भक्त हो जाता है, जब कि उनका निर्गुण में विश्वास उनके भक्त को सन्त की तरफ़ खींचता रहता है।

1

मध्यकालीन अन्य सन्त-भक्तों की तरह रैदास के जीवन के संबंध में पारंपरिक अर्थ में 'ऐतिहासिक' क़िस्म के स्रोत बहुत सीमित हैं। यह अलग बात है कि देशज स्रोतों में उनका उल्लेख उनके जीवनकाल से ही मिलने लगता है और उनमें उनके जीवन के मोड़-पड़ावों के कुछ संकेत भी उपलब्ध हैं। *आदिग्रंथ* (1604 ई.) में उनके 40 पदों और उसमें संकलित दूसरे सन्त-गुरुओं की वाणियों में उनके जीवन के संबंध में उल्लेख उपलब्ध हैं। हरिराम व्यास कृत *व्यासवाणी* (1560 ई.) नाभादास कृत *भक्तमाल* (1585 ई.), *रैदास परचई* (1588 ई.), सेन कृत *रैदास कबीर गोष्ठी* (1600 ई.), ध्रुवदास कृत *भक्त नामावली* (1538-1623 ई.), जग्गा और सेन कृत *भक्तमाल* (1600-1650 ई.), प्रियादास कृत *भक्तिरसबोधिनी* (1712 ई.), *पोथीप्रेमअमोध* (1693 ई.), राघवदास कृत *भक्तमाल* (1713 ई.), के साथ धन्ना (जन्म 1415 ई.), दादू (1554-1603 ई.), मीरां (1498-1546 ई.), रज्जब (1567-1689 ई.), सुंदरदास (1596-1689 ई.) गरीबदास (1576-1636 ई.) की वाणियों-रचनाओं में रैदास संबंधी उल्लेख मिलते हैं।

रैदास के एकाधिक नाम रविदास, रायदास, रुद्रदास, रुईदास, रोहीदास आदि मिलते हैं, जिनमें से सर्वाधिक चलन में दो ही नाम—'रैदास' और 'रविदास' हैं। *रैदासजी बानी* में 87 पद और तीन साखियाँ हैं और सभी में 'रैदास' की छाप मिलती हैं। *आदिग्रंथ* में प्राय: 'रविदास' की छाप मिलती है। राजस्थान में उपलब्ध अधिकांश पांडुलिपियों में 'रैदास' नाम ही मिलता है। स्पष्ट है कि रैदास का नाम रैदास ही है और यह क्षेत्रीय उच्चारण भेद के

कारण रविदास आदि हो गया है। रैदास के पाठ संपादनकर्ता विनांद कैलवर्त्त और पीटर जी. फ्रेडलेंडर के अनुसार, ''नामों के विभिन्न रूपों को विभिन्न क्षेत्रीय उच्चारणों का परिणाम कहा जा सकता है।'' रैदास या रविदास नाम की छापवाली सभी रचनाएँ रैदास की ही हैं। *आदिग्रंथ* में छाप 'रविदास' की है, लेकिन इसमें रविदास के काशी निवासी चमार होने का भी उल्लेख है, इसलिए यह रविदास सन्त रैदास से अभिन्न है और यहाँ 'रैदास' से ही उच्चारण भेद के कारण 'रविदास' हुआ है। कुछ विद्वानों की यह धारणा युक्तिसंगत नहीं है कि 'रविदास' रैदास का असल नाम है और यह उच्चारण भेद से रैदास हो गया है। रैदास जिस सामाजिक पृष्ठभूमि से संबंधित थे उसमें रविदास नाम के चलन की धारणा व्यावहारिक नहीं है।

रैदास के जन्म और मृत्यु के संबंध में निश्चय करना बहुत मुश्किल काम है। रैदासी संप्रदाय में विश्वास है कि रैदास का जन्म माघ पूर्णिमा रविवार को हुआ। रैदास के अध्येता उनके जन्म और मृत्यु के समय के संबंध में एक राय नहीं हैं। उन्होंने जो विभिन्न तिथियाँ सुझायी हैं उनमें समय का अंतराल बहुत व्यापक है—इनके अनुसार रैदास का जन्म 1376 से 1443 ई. और मृत्यु 1520 से 1540 ई. के बीच हुई। रैदासपंथियों के अनुसार उनका जन्म 1376 ई. में और निधन 1506 ई. में हुआ। रैदास के पहले आधुनिक अध्येता रामचरण कुरील ने पारंपरिक विश्वास के आधार पर रैदास का समय 1414 से 1540 ई. माना। रामानंद शास्त्री ने माना कि रैदास का जन्म 1384 से 1398 ई. के बीच और मृत्यु 1520–1538 ई. के बीच हुई होगी। ए.पी. सिंह के अनुसार उनका जन्म 1376 से 1538 के बीच हुआ होगा। दर्शन सिंह और योगेंद्र सिंह की राय इससे अलग है—योगेंद्र सिंह के अनुसार इस संबंध में निश्चयपूर्वक कुछ भी नहीं कहा जा सकता। उनके अनुसार रैदास का जन्म 1443 ई. के आस-पास हुआ होगा। दर्शन सिंह के अनुसार रैदास का जन्म 1414 और उनकी मृत्यु 1527 ई. में हुई। विनांद कैलवर्त्त और पीटर जी. फ्रेडलेंडर ने रैदास की सक्रियता का समय 1450 से 1520 ई. के बीच माना है। रैदास के जीवनकाल के संबंध में भी बहुत प्रामाणिक साक्ष्य उपलब्ध नहीं हैं। उनका समय उनकी वाणी में उल्लिखित अन्य सन्त-भक्तों और अन्य सन्त भक्तों की वाणी में उनके उल्लेख तथा रामानंद के समय के आधार पर तय किया जाता है। रैदास रामानंद के शिष्य थे, यह उल्लेख *भक्तमाल* और *रैदास परचई* में मिलता है। रामानंद का जन्म

का समय अनुमान के आधार पर 1356 ई. के आस-पास माना गया है। रैदास ने कबीर का उल्लेख सम्मानपूर्वक किया है, जिनका समय 1398–1515 ई. ठहरता है। मीरां अपने पदों में एकाधिक स्थानों पर रैदास का उल्लेख गुरु की तरह करती है, जिनका समय 1498 से 1546 ई. तक है, लेकिन मीरां का रैदास से संबंध औपचारिक के बजाय अनौपचारिक शिष्यत्व का ही होना चाहिए। इसी तरह धन्ना भगत ने रैदास का स्मरण बहुत आदरपूर्वक किया है, जिनका जन्म 1415 ई. में हुआ। स्पष्ट है कि रैदास रामानंद के समकालीन और उनसे कनिष्ठ, कबीर के समकालीन और कनिष्ठ और धन्ना भगत के समकालीन और उनसे वरिष्ठ होने चाहिए। *भक्तमाल* और *रैदास परचई* सहित कुछ ग्रंथों के विश्वास के अनुसार कबीर, रैदास आदि रामानंद के बारह शिष्य थे। यह सही है कि रैदास ने कबीर की तरह अपने रामानंद के शिष्य होने का उल्लेख नहीं किया, लेकिन *भक्तमाल* और *रैदास परचई* के तत्संबंधी उल्लेख रैदास के सक्रिय जीवन के बहुत बाद के नहीं हैं। रामानंद के जीवनकाल की तिथियों को लेकर भी अभी अनिश्चय है—इनमें उनका जन्म 1338 से 1348 के बीच और मृत्यु 1445 से 1460 ई. के बीच मानी गई है। रैदास की सक्रियता का समय इस आधार पर तय होना चाहिए कि वे रामानंद, कबीर और धन्ना के समकालीन थे। रामानंद की उम्र कबीर व धन्ना से कुछ ज्यादा रही होगी और धन्ना कबीर से आयु में कम रहे होंगे। अनुमान किया जा सकता है कि रैदास का जन्म 1410 ई. के आस-पास और उनका निधन 1500 ई. के आस-पास हुआ होगा। ये तिथियाँ सभी देशज स्रोतों में वर्णित तिथियों के भी आस-पास हैं। विनांद कैलवर्त और पीटर जी. फ्रेडलेंडर ने रैदास को रामानंद से असंबद्ध और मीरां से संबद्ध दिखाने के लिए उनके जन्म और मृत्यु की तिथियों को आगे किया है, जो युक्तिसंगत नहीं है।

रैदास का जन्म काशी में हुआ, इस संबंध में लगभग मतैक्य है। अलबत्ता काशी में उनका जन्म कहाँ हुआ, इसको लेकर मतभेद हैं। रैदास का जन्म और कार्यस्थल काशी है, यह उल्लेख उन्होंने स्वयं किया है। वे लिखते हैं कि—''जाके कूटुंब के ढेढ़ सब ढोर ढोवंत फिरहिं, अजहूँ बनारसी आस पासा।'' अर्थात् जिसके कुटुंब के ढेढ़ अभी भी बनारस के आस-पास पशु उठाते फिरते हैं। *आदिग्रंथ* और *रैदास परचई* के उल्लेख भी इसकी पुष्टि करते हैं। *परचई* में उल्लेख है कि—''नगर बांणारसी उतिम गांव पाप न नेरो आवै

काउं / मुवा न कोई नरकहि जावै। / संकर रामहिं आनि सुंनावै / श्रुति सुम्रित का ये अधिकारा / तहाँ रैदास लीयौ अवतारा।'' अर्थात् वाराणसी नगर अत्यंत पवित्र है। यहाँ पाप किसी के समीप नहीं आता। कोई मृत नरक में नहीं जाता। शंकर और राम की शपथ ली जाती है। श्रुति और स्मृति का यहाँ वर्चस्व है। यहाँ रैदास ने जन्म लिया है। *आदिग्रंथ* में दो स्थानों (47.3 एवं 111.4) पर रैदास के काशी में रहने का उल्लेख है। *काशी माहात्म्य* और *भविष्य पुराण* इस उल्लेख की पुष्टि करते हैं। रैदास का जन्म और कार्यस्थल काशी है, लेकिन काशी में रैदास का जन्म मंडुआडीह में हुआ या सीर गोवर्धनपुर में, इसे लेकर विद्वानों में मतभेद हैं। रैदास के काशी से बाहर मंडुआडीह में जन्म लेने की धारणा पारंपरिक है, जबकि उनके सीर गोवर्धनपुर में जन्म की धारणा नयी है। *काशी माहात्म्य* और *भविष्यपुराण* के उल्लेख मंडुआडीह के पक्ष में ही हैं। कुछ विद्वान् राजस्थान के मंडोर और पश्चिमी उत्तरप्रदेश में उनका जन्म होने का भी उल्लेख करते हैं, लेकिन इनकी पुष्टि के लिए कोई युक्तिसंगत आधार नहीं है। रैदास ने देशाटन बहुत किया होगा, इसलिए उनकी स्मृति देश के कई भागों में मिलती है।

रैदास जाति से चमार थे—उनके जीवन से संबंधित यही एक पहलू है, जिस पर कोई विवाद नहीं है। अन्त:, बाह्य आदि सभी साक्ष्य इसकी पुष्टि करते हैं। स्वयं रैदास ने अपनी वाणी में एकाधिक बार आग्रहपूर्वक यह उल्लेख किया है कि वे चमार जाति-कुल में पैदा हुए हैं और उनका पेशा निम्न कोटि का है। वे कहते हैं कि—''ऐसी मेरी जाति विख्यात चमारं।'' अर्थात् मेरी जाति चमार विख्यात है। इस तरह एक जगह वे और कहते हैं कि—''मोर कुचिल जाति में बास, भगति हेतु हरि चरन निवास। / तुम्हरी भगति के कारने, फिरि ह्वौं चमार।'' अर्थात् मेरा निम्न जाति में निवास है, भक्ति के कारण मैं आपके चरणों में हूँ और इसके लिए फिर चमार होऊँगा। इसी तरह एक और जगह उन्होंने साफ़ लिखा है कि—''मेरी जाति कमीनी, पांति कमीनी, ओछा जनमु हमारा। / तुम सरनागति राजा रामचंद, कहि 'रैदास' चमारा।'' अर्थात् मेरी जाति और पाँति कमीनी है, मेरा जन्म निम्न है। यह रैदास चमार है राजा राम! आपकी शरण में है। *आदिग्रंथ* सहित दूसरे सन्तों की वाणियों में रैदास को चमार ही कहा गया। *आदिग्रंथ* में गुरु रामदास दो जगहों पर रैदास के चमार होने का उल्लेख करते हैं। रैदास के जीवन के आस-पास के स्रोतों में भी उन्हें

चमार कहा गया। *पोथी प्रेमअमोध* में उन्हें चमार और बाज़ार में जूता बनाने वाला माना गया है। *रैदास परचई* में भी उल्लेख है कि—''जाति चंमार पिता अरु मांई साकित के घर जनम्यो आई।'' अर्थात् माता-पिता की जाति चमार थी और उन्होंने शाक्त के घर जन्म लिया। प्रियदास की *भक्तिरसबोधिनी* में भी इसी तरह का उल्लेख है। परवर्ती अधिकांश सन्त-भक्तों ने भी रैदास के साथ उनकी जाति चमार होने का उल्लेख किया है।

रैदास की जीवन यात्रा के मोड़-पड़ावों के संबंध में कोई प्रामाणिक जानकारी उपलब्ध नहीं है। उन्होंने अपनी वाणी में इस संबंध में कुछ संकेत किए हैं, जिनके आधार पर उनके आरंभिक और परवर्ती सन्त जीवन के संबंध में कुछ अनुमान किया जा सकता है। अंत:साक्ष्यों से लगता है कि उनका आरंभिक जीवन कष्टमय था और ईश्वर से अनुराग और भक्ति के कारण उनको कुछ रूढ़िवादी ब्राह्मणों का प्रतिरोध भी झेलना पड़ा। इस संबंध में कुछ जनश्रुतियाँ मिलती हैं। सन्त के रूप में मान्य और लोकप्रिय हो जाने के बाद उनका मान-सम्मान बढ़ गया था। यह संकेत उनकी वाणी में मिलता है—एक जगह वे लिखते हैं कि—''आचार सहित विप्र करहिं दंडोति, तिन तनै रेदास दासानुदासा।'' अर्थात् ब्राह्मण दासानुदास रैदास को आचार सहित दंडवत करते हैं।

रैदास की शिष्य परंपरा का उल्लेख मिलता है। सेन की *भक्तमाल* में कहा गया है कि रैदास के शिष्यों को दादूदयाल ने ऊपर उठाया। आशय यह है कि आगे चलकर रैदास के अनुयायी दादूपंथी हो गए। प्रियादास की *भक्तिरसबोधिनी* के अनुसार रैदास विवाहित थे। *पोथी प्रेमअमोध*, *रैदास परचई* और प्रियादास की *भक्तिरसबोधिनी* और कुछ अन्य राजस्थानी स्रोतों के अनुसार चित्तौड़ की रानी झाली ने बनारस जाकर रैदास से दीक्षा ग्रहण की थी। इस संबंध में एक जनश्रुति भी प्रसिद्ध है कि रैदास झाली रानी के आग्रह पर चित्तौड़ आए थे और उन्होंने उनके साथ बैठकर भोजन करने से मना करने वाले ब्राह्मणों को अपने पूर्वजन्म में ब्राह्मण होने के प्रमाणस्वरूप अपनी चमड़ी चीरकर उसमें जनेऊ भी दिखाया था। नाभादास और राघवदास के *भक्तमाल* के अनुसार सन्त बीठलदास को 'रैदासी' कहा जाता है। रैदास की वाणी में भी कुछ जगह उसका नामोल्लेख मिलता है। *रैदास रामायण* में रैदास की पत्नी का नामोल्लेख लोना के रूप में मिलता है। इसी तरह कुछ विद्वानों के मतानुसार उनका एक पुत्र भी था, जिसका नाम विजयदास था।

2

यह सदियों से लगभग मान्य है कि रैदास रामानंद के बारह शिष्यों में से एक थे, लेकिन इधर आधुनिक विद्वता में रैदास की निम्न जातीय संबद्धता के कारण यह धारणा ज़ोर पकड़ रही है कि यह प्रसंग रैदास के जीवन में बाद में जोड़ा गया। रैदास रामानंद के शिष्य थे, यह उल्लेख सबसे पहले नाभादास ने *भक्तमाल* में किया। उन्होंने लिखा कि—''श्री रामानंद रघुनाथ ज्यों दुतिय सेतु जग तरन कियो। अनंतानंद, कबीर, सुखा, सुरसरा, पद्मावती नरहरि /पीपा, भावानंद, रैदास, धना, सेन, सुरसर की घरहरि॥ औरो शिष्य-प्रशिष्य एकते एक उजागर। विश्वमंगल आधार सर्वानंद दशधा के आगर॥'' अर्थात् श्रीरामानंद ने जगत् के उद्धार के लिए भगवान राम के रूप में दूसरा पुल बाँध दिया। अनंतानंद, कबीर, सुखानंद, सुरसुरानंद, पद्मावती, नरहरियानंद, पीपा, भावानंद, रैदास, धन्ना, सेन, सुरसरानंद की घरवाली सुरसरी सहित कई विख्यात शिष्यों ने दशधा भक्ति के आगार रामानंद का प्रकाश फैलाया। नाभादास के बाद यह उल्लेख अनंतदास ने *रैदास परचई* में किया। उन्होंने इस संबंध में एक जनश्रुति उद्धृत की कि पूर्व जन्म में मांस सेवन के कारण रामानंद के एक शिष्य का जन्म निम्न जाति के चमार घर में हुआ और उसने दुग्धपान तब किया, जब रामानंद ने उसका यथाविधि संस्कार किया। नाभादास के बाद उनके *भक्तमाल* की टीका लिखनेवाले प्रियादास के यहाँ यह जनश्रुति भिन्न रूप में है। प्रियादास के अनुसार रामानंद के एक शिष्य का जन्म चमारों के साथ व्यापार करने वाले एक वणिक के यहाँ से भिक्षा ले आने से नाराज़ रामानंद के अभिशाप के कारण चमार के घर हुआ और रामानंद के संस्कार के बाद यह रैदास हुआ। *पोथी प्रेमअमोध* और *आदिग्रंथ* में रैदास के रामानंद के शिष्य होने का उल्लेख नहीं है और रैदास ने कहीं भी अपने रामानंद के शिष्य होने का उल्लेख नहीं किया है। वैसे कुछ विद्वान् *रैदास वाणी* में एक जगह आयी पंक्ति ''संसार प्रपंच में व्याकुल परमानंदा, / त्राहि-त्राहि अनाथ नाथ गोविंदा मोरी / रैदास बिनवै कर जोरीं, अबिगत नाथ कवन गति मोरी'' में 'परमानंदा' उल्लेख को 'रामानंद' मानते हैं। रैदास के रामानंद के शिष्य होने की धारणा को ख़ारिज करने वाले अधिकांश विद्वान् यूरोपीय हैं। इसकी शुरुआत शार्लोत वाडेविल ने की और बाद में इसमें विनांद कैलवर्त्त और पीटर जी. फ्रेडलेंडर सहित कई भारतीय विद्वान् जुड़ गए। विनांद कैलवर्त्त और फ्रेडलेंडर के अनुसार, ''रामानंद

की महिमा के विस्तार के लिए विख्यात सन्त-भक्तों, जैसे कबीर, रैदास को उनके शिष्यत्व की परिधि में सम्मिलित किया गया।'' कमोबेश यही बात रैदास के भारतीय अध्येता योगेंद्र सिंह ने भी कही है। वे लिखते हैं कि—''सन्त रैदास रामानंद के समकालीन और उनके शिष्य नहीं थे।'' यह सही है कि रैदास ने बहुत मुखर और स्पष्ट शब्दों में रामानंद से अपने संबंध की घोषणा नहीं की, लेकिन उनकी वाणी में भक्ति संबंधी जैसे विचार हैं उनको ध्यान में रखा जाए, तो इस विश्वास को एकतरफ़ा खारिज करना युक्तिसंगत नहीं है। रैदास के सक्रिय जीवन की समाप्ति के महज़ 50 वर्षों में ही उनकी महिमा या महानता के विस्तार के लिए किसी ऐसे संप्रदाय से, जिससे वे संबद्ध नहीं थे, किसी ने उनको अपने निहित स्वार्थ में संबद्ध दिखा दिया और यह जनसाधारण में स्वीकार्य भी हो गया, यह धारणा युक्तिसंगत नहीं लगती। रैदास की भक्ति की जैसी पद्धति है उससे लगता है कि वे अपने समय में रामानंद से प्रभावित रहे होंगे। उन्होंने एक जगह लिखा है कि—''वेद तैं पुरान, पुरान तैं भागवत, भागवत तैं भक्ति प्रगट कीनीं।'' अर्थात् वेद से पुराण, पुराण से भागवत और भागवत से भक्ति प्रकट हुई। रामानंद का भक्ति दायरा उतना संकीर्ण नहीं था, जैसा इसे प्रचारित किया है। उसमें 'जाति पाँति पूछे नहीं कोई, हरि का भजे जे सौ हरि का होई' वाला भाव और आग्रह रैदास के समय सर्वोपरि था। नाभादास की *भक्तमाल* रामानंदी आग्रह वाली सांप्रदायिक रचना नहीं है—इसमें बिना किसी आग्रह और मतभेद के रामानंद संप्रदाय के बाहर के सन्त-भक्तों को भी आदर सहित सम्मिलित किया गया है। नाभादास, जिन्होंने रैदास का रामानंद के बारह शिष्यों में उल्लेख किया, स्वयं द्विजजातीय नहीं थे। रैदास को उनकी निम्न जातीय संबद्धता की अनदेखी कर, भक्ति में उनकी निष्ठा और समर्पण के आधार पर रामानंद ने अपने शिष्यत्व के दायरे में लिया होगा। यह सही है कि उस समय जातीय भेदभाव था, लेकिन भक्ति के व्यापक दायरे में स्वीकार्य हो जाने के बाद यह बहुत महत्त्वपूर्ण और निर्णायक नहीं रह जाता था। यह इस बात से पुष्ट है कि चित्तौड़ की रानी झाली ने काशी जाकर रैदास से दीक्षा ली थी।

3

लोक में यह धारणा है कि रैदास मीरां के गुरु थे और मीरां की रचना के कुछ अंत:साक्ष्य भी इसकी पुष्टि करते हैं, लेकिन दोनों के बीच समयांतराल को

देखते हुए लगता है कि यह संबंध अनौपचारिक रहा होगा, जैसा कि मध्यकाल में परंपरा थी। जर्मन विद्वान् हरमन गोएत्ज़ (1898–1976 ई.) की यह बात भी कुछ हद तक ही सही है कि—''रैदास मीरां के क्रांतिकारी, सामाजिक और धार्मिक विचारों के मुख्य प्रेरणा स्रोत रहे होंगे।'' रैदास (1410–1500 ई.) के मीरां (1498–1546 ई) के गुरु होने में सबसे बड़ी बाधा दोनों के बीच का समयांतराल है। गोएत्ज़ ने अनुमान किया है कि बाल्यकाल में एक साधु द्वारा मीरां को कृष्ण की मूर्ति देने की जो जनश्रुति है, उसमें आया साधु रैदास है। यही रैदास महाराणा सांगा की माँ रतन कुँवर झाली के भी गुरु थे। गोएत्ज़ लिखते हैं कि ''मीरां सीधे अपने को रैदास की शिष्या मानती है और झाली रानी उसमें बहुत अधिक दिलचस्पी लेती है। इसका कोई कारण होना चाहिए। इसका एक ही उत्तर है, जो मैं देख सकता हूँ, वह यह कि बाबा जिसने गिरधर जी की मूर्ति मीरां को दी वह वास्तव में रैदास स्वयं थे।'' यह सही है कि मीरां की कविता में एकाधिक स्थानों पर रैदास के उसके गुरु होने का उल्लेख है और पारिस्थितिक साक्ष्य झाली रानी रतन कुँवर द्वारा मीरां को संरक्षण देने की पुष्टि करते हैं, लेकिन बाल्यकाल में रैदास द्वारा गिरधरजी की मूर्ति मीरां को देने की बात गले उतरने वाली नहीं है। यह सही है कि मीरां का रैदास से अनौपचारिक गुरु सम्बन्ध रहा होगा, लेकिन बाल्यकाल में एक अबोध कन्या द्वारा मूर्ति पाकर किसी बाबा को गुरु मान लेने की बात युक्तिसंगत नहीं है। फिर, झाली रानी को यह जानकारी होना कि यह मूर्ति उसके गुरु रैदास ने ही मीरां को दी, भी अविश्वसनीय है। यह सही है कि रैदास और मीरां के बीच गुरु-शिष्य का अनौपचारिक संबंध ज़रूर रहा होगा। लोक में भी सदियों से यह धारणा है कि रैदास मीरां के गुरु थे। मीरां की कविता के कुछ अंत:साक्ष्य भी इसकी पुष्टि करते हैं। इस धारणा को बल इस तथ्य से भी मिलता है कि चितौड़गढ़ में कुंभश्याम मंदिर के पास बनी छतरी को लोग अभी भी रैदास की छतरी कहते हैं। शोभालाल शास्त्री की 1932 ई. की एक संस्कृत रचना से भी इसकी पुष्टि होती है। इसमें लिखा गया है कि—''श्री नंदनंदन–पदाम्बरुहस्य भृंगी मीरां हरेनिलयमुच्चमिमं चकार। / यस्याग्रतो लसति मण्डपिकांतरस्थं– त्स्या गुरोश्चरण-पंकज-युम-चिह्नम॥'' अर्थात् श्री नंदनंदन के चरणारविंदों की मधुकरी मीरांबाई ने यह ऊँचा विष्णु मंदिर बनवाया था, जिसके सन्मुख ही छत्री के भीतर गुरु के चरणों के चिह्न शोभायमान हैं। लोक

की स्मृति में रैदास और मीरां के गुरु-शिष्य संबंध को लेकर कई धारणाएँ हैं। लोक मर्मज्ञ महेन्द्र भानावत ने मीरां की लोक स्मृतियों से जुड़े राजस्थान और गुजरात के कई स्थानों की यात्राएँ कीं। उनके अनुसार लोक मानता है कि राजस्थान के जोधपुर जिले के पिपलोदा गाँव के रैदास जाति से चमार थे, पढ़े-लिखे नहीं थे पर अंतर्ज्ञानी थे। मीरां उनके साथ चित्तौड़ से निकल गई और कई स्थानों की यात्रा करती हुई द्वारिका पहुँची। उसने डाकोर में रैदास को अपना गुरु बनाया। लोक की यह भी धारणा है कि रैदास मीरां के वाट गुरु (मार्ग दर्शक) थे। वे मीरां के भक्ति और अध्यात्म गुरु ही नहीं थे, उसके सच्चे पालक, संभालक और प्रदर्शक थे और उनका और मीरां का साथ अंत तक रहा। पश्चिमी राजस्थान की निम्न जातियों में मीरां के भजन हरजस के रूप में सदियों से गाए जाते हैं और वहाँ भी यह माना जाता है कि रैदास ही मीरां के गुरु थे। गुजरात में भी इस तरह की लोक स्मृतियाँ हैं। वहाँ प्रसिद्ध है कि मीरां के गुरु रैदास गिरनार के पास सरसई गाँव में बस गए थे और मीरां भी वहाँ गई थी। मीरां की कविता में भी रैदास के उसके गुरु होने का उल्लेख आता है। वह कहती है—

> *खोजत फिरुं भेद वा घर को, कोई न करत बखानी।*
> *रैदास सन्त मिले मोहि सतगुरु, दीन्ही सुरत सहदानी॥*
>
> *मेरो मन लाग्यो हरिजी सूं, अबन रहूँगी अटकी।*
> *गुरो मिलिया रैदासजी, म्हाने दीनी ज्ञान की गुटकी॥*

एक अन्य स्थान पर वह कहती है—

> *नहिं मैं पीहर सासरे, नहीं पियाजी री के साथ।*
> *मीरां ने गोविंद मिल्या जी, गुरु मिलिया रैदास॥*

रैदास रामानन्द के शिष्य और कबीर के समकालीन सन्त-भक्त थे। रैदासपंथियों के अनुसार उनका जन्म 1376 ई. में और निधन 1506 ई. में हुआ। *भक्तमाल* की प्रियादास टीका के अनुसार चित्तौड़गढ़ की एक झाली रानी ने काशी जाकर उनसे दीक्षा ली। टीका में इस रानी का नामोल्लेख नहीं है, लेकिन हरमन गोएत्ज़ सहित कुछ विद्वानों का अनुमान है कि यह रानी गुजरात के काठियावाड़ के हलवद के झाला राजपूत राजधर की बेटी रतन

कुँवर है, जिसका विवाह महाराणा सांगा के पिता रायमल (1473–1509 ई.) के साथ हुआ था। भक्ति के संस्कार इस रानी को बचपन में सौराष्ट्र से मिले होंगे, जो उस समय भक्ति आंदोलन का केन्द्र था और जहाँ नरसी मेहता आदि सक्रिय थे। भक्ति संबंधी अपने अनुराग और सक्रियता के कारण मीरां को मेवाड़ के अंतःपुर में इसी रानी का संरक्षण और समर्थन भी हासिल रहा होगा। इसी झाली रानी के आग्रह पर रैदास चित्तौड़ आए और कहते हैं कि वहीं उनका निधन हुआ। जनसाधारण में रैदास की स्वीकार्यता और सम्मान बहुत था। उनकी लोकप्रियता का अनुमान इस तथ्य से लगाया जा सकता है कि भक्ति पर ब्राह्मणों का एकाधिकार मानने वाले लोगों ने उनके पूर्वजन्म में ब्राह्मण होने की कथाएँ गढ़कर उन्हें सन्त-भक्त मान लिया था। कथा के अनुसार मांसादि सेवन के कारण शापित होकर उन्हें चमार के घर जन्म लेना पड़ा, लेकिन उन्होंने स्तनपान तब किया, जब रामानन्द ने उन्हें राममंत्र का उपदेश दिया। दूसरी कथा के अनुसार, चित्तौड़गढ़ में ब्राह्मणों ने जब उनके साथ बैठकर भोजन करना स्वीकार नहीं किया, तो उन्होंने पूर्वजन्म में अपने ब्राह्मण होने के प्रमाणस्वरूप चमड़ी चीरकर अपनी जनेऊ दिखाई। कुछ विद्वानों के अनुसार मीरां के जन्म के आस-पास रैदास का निधन हो गया था, इसलिए मीरां का रैदास की शिष्य होना संभव नहीं है। उनकी धारणा है कि या तो सामंत स्त्री और लोकप्रिय होने के कारण अन्य सम्प्रदायों से प्रतिद्वंद्विता के चलते रैदासपंथियों ने अपने पंथ से संबद्ध दिखाने के लिए यह कथा गढ़ी हो या रैदास के परवर्ती होते हुए भी मीरां ने उनका पुण्य स्मरण गुरु के रूप में किया हो अथवा किसी रैदासी साधु के प्रति उसका गुरु भाव रहा हो। उत्तर भारत के लोक की स्मृति में जिस तरह रैदास और मीरां के गुरु-शिष्य संबंध की कहानियाँ प्रचलित हैं उनसे यह तो तय है कि मीरां किसी-न-किसी तरह रैदास से परिचित ज़रूर रही होगी। लगता है कि मीरां ने रैदास से शिष्यत्व की स्थायी और कोई औपचारिक दीक्षा नहीं ली होगी। मध्यकालीन भक्ति आन्दोलन के दौरान जनसाधारण सभी तरह के सन्त-भक्तों का सम्मान करता था और उनसे प्रभावित होने पर उनके प्रति अनौपचारिक गुरुभाव रखता था। इस आन्दोलन में कई सन्त-भक्त निम्न जातियों से थे। आरंभिक कुछ अंतर्बाधाओं के हट जाने के बाद जब वे स्वीकार्य और सम्माननीय हो जाते थे, तो उनसे मेलजोल की वर्जनाएँ नहीं रहती थीं। राजस्थान के मेवाड़-मारवाड़

में ऐसे कई सन्त हुए, जिनका जनसाधारण और सामंत समाज में सम्मान और स्वीकार्यता थी। झाली रानी के रैदास से औपचारिक दीक्षा लेने के प्रकरण से सिद्ध है कि इस संबंध में सामंत समाज में कोई वर्जना नहीं थी। संभवतया मीरां झाली रानी रतन कुँवर के संरक्षण में और उससे संपर्क के कारण रैदास से प्रभावित रही होगी और इस कारण उसके मन में उनके प्रति अनौपचारिक गुरु भाव रहा होगा। एक सामंत स्त्री और एक निम्न जाति सन्त के बीच का यह संबंध जन भावनाओं और आकांक्षाओं के अनुसार था, इसलिए ख़ूब प्रचारित हुआ। इसको लेकर जनसाधारण ने कई कहानियाँ गढ़ीं और उनको भजनों में गूँथकर ख़ूब गाया।

4

रैदास के आध्यात्मिक अनुभव में कोई ऐसी व्यवस्था नहीं है, जिससे इसको किसी पारंपरिक दार्शनिक विचारधारा के अंतर्गत समझा जा सके। उन्होंने यह अनुभव सत्संग, पर्यटन और अभ्यास से अर्जित किया था और इस कारण इसमें वैसा तारतम्य कम है, जो शास्त्र आधारित दर्शनों में होता है। सृष्टि में सर्वत्र एक ही सत्ता का विस्तार है—यह अनुभव रैदास के यहाँ निरंतर है। उनके एक पद में यह प्रतीति इस प्रकार है—

अजर अमर अडोल अभेस निरगुन रहित रूप नहिं रेखा।
चेतन सत चित् घन आनन्दा, निरविकार तेज अमित अभेदा।
अनूप अजन्मा, सरबग्य अन्ता, अभेद अदेख अविगत सुछंदा।
नाम की बाती घीव अखंडा, इकहीं जोत जले ब्रह्मंडा।

रैदास जीव और ब्रह्म को एक मानते हैं। उन्होंने अपना यह अनुभव बार-बार कई पदों में दोहराया है। एक जगह वे कहते हैं कि—''जल के तरंग जल मांहि समाई, कहि काकौ नांव धरिये। ऐसे तें मैं एक रूप हैं माधो, आपन ही निरवरिये।'' अर्थात् जल की तरंग जल की तरह जल में विलीन हो जाती है। किसको क्या नाम दिया जाए? ऐसे ही हे माधव! तुम और मैं एक हैं। आप ही इसका निवारण कीजिए। एक जगह वे और कहते हैं कि—''नहिं अब मैं तैं मैं तैं, नाहीं, का स्यों कहौं बताई। / जस तू, तस तूं, तस तूहीं, कस उपमा दीजै।'' अर्थात् अब मैं और तू नहीं हैं, क्या कह कर बताऊँ, जैसा तू है, वैसा

ही तू है, इसकी क्या उपमा दी जाए। रैदास का यह अनुभव अनिर्वचनीय है। वे इसका वर्णन करने में असमर्थ हैं। उन्होंने अपने इस अनुभव के वर्णन के संबंध में साफ़ लिखा है कि 'गूंगौ साकर कहा बखाने' अर्थात् गूंगा शक्कर का वर्णन कैसे कर सकता है। अपनी इस असमर्थता को उन्होंने कई तरह से व्यक्त किया है। एक जगह वे कहते हैं कि—''जस हरि कहिये तस हरि नांही, है अस जस कछु तैसा। / कह रेदास मैं ताहि को पूजूं, जाके ठांव नांव नहिं कोई।'' अर्थात् जैसा हरि को कहते हैं, वह वैसा नहीं है। वह ऐसा-जैसा कुछ है। रैदास कहते हैं कि मैं उसकी पूजा करता हूँ, जिसका कोई नाम या स्थान नहीं है। ख़ास बात यह है कि रैदास का यह अज्ञात सगुण और निर्गुण के विभाजन या वर्गीकरण से बाहर है। उनके लिए सगुण और निर्गुण, दोनों एक हैं। एक जगह वे कहते हैं कि—''अगुन सगुन दौ समकरि जान्यौ, चहं दिस दरसन तोरा।'' अर्थात् सगुण और निर्गुण दोनों को समान करके समझता हूँ। सभी तरफ़ उसी के दर्शन होते हैं। एक जगह वे अपने इस अनुभव के संबंध में और कहते हैं कि—''गुन निरगुन कहियत नहीं जाके'', अर्थात् अज्ञात सत्ता या ब्रह्म को गुण या निर्गुण नहीं कहा जा सकता।

माया की निंदा अन्य सन्त-भक्तों की तरह रैदास ने भी ख़ूब की है। माया की उनकी पहचान और समझ बहुत गहरी और व्यापक है। उन्होंने कर्म, धर्म, पाप-पुण्य आदि सभी माया को दायरे में लिया है। वे कहते हैं कि—''ऐसे करम धरम जग बांध्यो, छूटे तुम बिन कैसे हो हरि। जप तप विधि निषेध करुनामय पाप पुन्न दोउ माया।'' अर्थात् हे ईश्वर! कर्म और धर्म से तुमने संसार से बाँध दिया है। जप-तप, विधि-निषेध और पाप-पुण्य, हे करुणामय! सभी माया हैं। रैदास यह अनुभव करते हैं कि जब तक मनुष्य माया के भ्रम भूला उसे उस सत्ता की प्रतीति नहीं होगी। वे कहते हैं कि—''माया के भ्रम कहा भुलानो / अब कछु मरम विचारा हो हरि / आदि मध्य अवसान, राम बिन, कोई न करे निवारा हो हरि / जल तै पंक, पंक तै अम्रित, जल जलहिं सुधि जैसे।'' अर्थात् माया के भ्रम में क्यों भूला हुआ है। हे हरि! अब मैंने विचार किया है कि आदि, मध्य और अवसान, सभी जगह राम के बिना निवारण नहीं है। जल से कीचड़, कीचड़ से अमृत होता है। जल को जल की स्मृति हो आए, यह ज़रूरी है।

5

कबीर के साथ अक्सर रैदास का नाम लिया जाता है, लेकिन रैदास की साधना और भक्ति कबीर से कुछ हद तक अलग है। रैदास के सक्रिय जीवन की समाप्ति के लगभग सौ वर्ष बाद *कबीर रैदास गोष्ठी* (1600 ई.) की रचना होना प्रयोजनपूर्वक है। लगता है कि आरंभ में रैदास का मार्ग कबीर से कुछ अलग रहा होगा और आगे चलकर कबीर के भक्तों ने इस रचना के माध्यम से रैदास को बहस में कबीर से सहमत दिखाया होगा। *गोष्ठी* के अंत में रैदास कबीर से सहमत हो जाते हैं। वे कहते हैं कि—''सो तुम गावौ हूँ गांऊँ। / तेरा ग्यान बिचारुँ। / कहै रैदास कबीर गुर मेरा भरम करम धोइ डारूँ॥'' अर्थात् जो तुम गाते हो, वही मैं भी गाता हूँ। मैंने भ्रम और कर्म, दोनों धो दिए हैं और कबीर अब मेरे गुरु हैं। रैदास कबीर की तरह हठयोगी नहीं हैं। उन्होंने कुछ स्थानों पर 'सुखमन', 'सुनिं', 'सहज', 'अरध उरध' आदि शब्दों का प्रयोग किया है, अन्यथा उनकी वाणी में इसके रूप और जटिलताएँ नहीं मिलतीं। रैदास खंडन-मंडन और आलोचना, जो उनके समय के सन्तों के यहाँ बहुत हैं, से भी अलग हैं। उनका ज़ोर भावना और आत्म साधना—प्रेम, एकांत निष्ठा और समर्पण पर अधिक है। 'अंतरगति' और 'अभिअंतर' जैसे शब्दों का निरंतर इस्तेमाल उनके स्वभाव की इस प्रवृत्ति का सूचक है। उन्होंने ज़ोर देकर बार-बार यह कहा भी है कि—''अंतरगति राचैं नहीं, बाहर करै उजास। ते नर जमपुर जाहिंगे भषै सन्त रैदास।'' अर्थात् जो हृदय के अंतरंग से ईश्वर में अनुरक्त नहीं हैं और बाहर दिखावा करते हैं, वे लोग यमपुर जाएँगे। उन्होंने भक्ति की अपनी धारणा पर अपनी वाणी में रोशनी डाली है, जो उनकी भक्ति को प्रचारित वर्गीकरणों से अलग पहचान देती है और इसमें ज़ोर अपने अस्तित्व के विलीनीकरण और समर्पण पर है। भक्ति उनके अनुसार रस, ज्ञान, उपहास, आशा, कुल मर्यादा का त्याग, इन्द्रिय निग्रह, योग साधना, आहार त्याग, निद्रा साधना, वैराग्य, वेदों की सराहना, मूंड मुंडाना और चरण प्रक्षालन नहीं है। उन्होंने भक्ति का आशय स्पष्ट करते हुए कहा है कि—'' आपौ गई तब भगति पाई, ऐसी भगति है भाई। / राम मिल्यौ अपनौ गुन खोयौ, रिधि सिधि सबै जु गंवाई। / कहै रैदास छूटि सब आस, तब हरि ताही कै पास। / आतमा थिर भई, तब सबही निधि पाई।'' अर्थात् हे भाई ! अपनत्व का विलीनीकरण भक्ति है। राम मिल जाने के बाद अपने गुण, रिद्धि-सिद्धि सब समाप्त हो जाते हैं।

रैदास कहते हैं कि जब आशा छूट जाती है, तब हरि के पास पहुँचते हैं और जब आत्मा स्थिर होती है तभी ईश्वर की निधि प्राप्त होती है।

रैदास कहते तो यह हैं कि—''गुन निरगुन कहियत नहिं जाके'', लेकिन उनका आग्रह सगुण पर ज्यादा है। रैदास की वाणी में सगुण का आग्रह कभी-कभी इतना ज्यादा है कि आश्चर्य होता है। उन्होंने अपनी वाणी में ईश्वर के लगभग सभी सगुण रूपों—राम, गोविंद, विट्ठल, वासुदेव, हरि, विष्णु, केशव, कमलापति, माधव, गोपाल, महेश, दामोदर, मुरारि, रघुनाथ, मुकुंद आदि का नामोल्लेख किया है। उनका आराध्य इंद्रियातीत नहीं है—यह श्रवण, दर्शन, स्पर्श और स्वाद की ऐंद्रिक सीमा में है। वे साफ़ कहते हैं कि—''चित सिमरन करौं, नैन अवलोकनो, स्त्रवन बानी सुजसु पूरि राखौं। / मनु सु मधुकरु करौं चरन हिरदे धरौं, रसन अम्रित राम नाम भाखौं। / कहै रैदास एक बेनती हरि सिउं, पैज राखहुँ राजा राम मेरी॥'' अर्थात् चित्त में स्मरण करता हूँ। नेत्रों से देखता हूँ। मन मधुकर की तरह चरण हृदय में धारण करता हूँ और जिह्वा से उसके अमृत जैसे नाम का स्मरण करता हूँ। रैदास कहते हैं कि हे ईश्वर! आपसे विनय है कि मुझे अपनी शरण में लीजिए। रैदास की वाणी में शरणगति का स्वर इतना मुखर और आग्रह के साथ है कि यह उनको निर्गुण के आग्रही सन्तों से अलग करता है। वे प्रभु की शरण में हैं—वे कहते हैं कि ''प्रभु जी तुम स्वामी हम दासा, ऐसी भगति करै रैदासा।'' अपने उद्धार की कामना का उनका स्वर सूर-तुलसी जैसा ही करुण और प्रार्थनामय है। वे कहते हैं कि—''मन मलीन विषया रस लंपट, तौ हरि नांव संभारै। / जो हम विमल हृदय चित अंतर, दोष कवन परिधरिहौं। / कह रैदास प्रभु तुम दयाल हौ, बंध मुक्ति कब करिहौं।'' अर्थात् मेरा मन मलिन और विषयरस में अनुरक्त है। हे ईश्वर! अपना नाम सँभालिए। जो मेरा अंत:करण-हृदय निर्मल होता, तो फिर आप पर अपने उद्धार न करने का दोष कैसे लगाता? वे अपने उद्धार की कामना भी अपने ज्ञान या पुण्य के आधार पर नहीं, भक्तों की तरह अपने पापी होने का हवाला देकर ही करते हैं। वे कहते हैं कि—''जउपै हम न पाप करंता, अहै अनंता / पतित पावन तेरो बिड़द क्यूं हुंता। / जन रैदास प्रभु सरनाई, उनमनि रह राम उर धारै।'' अर्थात् हे अंत! यदि मैं पाप नहीं करता तो आपका पतित पावन यश कैसे होता। हे प्रभु! भक्त रैदास आपकी शरण में है और उसने उन्मन होकर राम को हृदय में धारण कर लिया है। रैदास

अन्य भक्तों की तरह भगवान के उनके भक्तों का उद्धार करने के उदाहरण भी देते हैं। ये वे भक्त-प्रह्लाद, द्रौपदी, शबरी, गिद्ध, अजामिल, विदुर आदि हैं, जिनका केवल भगवान की शरणागति के आधार पर उद्धार हो गया। उनका यह पदांश सूर-तुलसी के किसी भी शरणागति की महिमा के वर्णन वाले पद से अलग नहीं है—

> *तारक ध्रुव कूं अंक राखि हरि, खंभ फारि प्रहलाद उबारत।*
> *त्रास दई लंकेस अनुज कहं, सरनि राखि प्रभ अभय उचारत।*
> *खट रस सजिअ सुजोधन के, हरि दास विदुर की मान बढ़ावत।*
> *सबरी गीध अजामिल सदा, राम किरपा, गनका तरि जावत।*
> *कवन कवन पापी जन तरिओ, कहि रैदास गनई नहिं आवत॥*

भक्ति के एक और सगुण रूप 'नाम स्मरण' की महिमा रैदास के यहाँ बहुत है। नाम स्मरण के संबंध में उन्होंने बहुत साफ़ लिखा है कि—''तिहुँ जुगी तीनो द्रिष्टिण, कलि केवल नाम अधार।'' अर्थात् तीनों युगों और तीनों दृष्टियों में कलियुग में केवल नाम ही आधार है। उन्होंने साफ़ कहा है कि ''राम नाम बिनु जे करिए, सो सब भरम कहाई।'' अर्थात् राम नाम के बिन जो कुछ करते हैं, वह भ्रम है। ख़ास बात यह है कि रैदास के 'राम' कुछ हद तक कबीर के 'राम नाम का मरम है आना' से अलग 'राजा' राम हैं, जो भीलनी के बेर खाते हैं। उनके पद में उल्लेख है कि—''बन बेरि-बेरि भखै भीलनी कै, लछिमन पेखि प्रजरे।'' अर्थात् बन में भीलनी के बेर खाए और लक्ष्मण को देखकर क्रोधित हुए।

6

समता, स्वतंत्रता और न्याय आधारित समाज का विचार कमोबेश भक्ति आंदोलन में सक्रिय सभी सन्त-भक्तों की वाणी और रचनाओं में है, लेकिन रैदास की वाणी में इसकी मौजूदगी बहुत मुखर है। रैदास ने अपने इस तरह के समाज की कल्पना को 'बेग़मपुरा' कहा है। अपने एक पद में उन्होंने बेग़मपुरा की अपनी कल्पना का वर्णन करते हुए कहा है कि अब मुझे ख़ूब अच्छ देश और घर मिल गया है। शहर का नाम बेग़मपुरा है और इस स्थान पर कोई दुःख और आशंका नहीं है। यहाँ कोई जाँच-पड़ताल नहीं होती, माल पर कर नहीं

लगता, कोई भय नहीं है और कोई अपराध नहीं करता। यहाँ की बादशाहत हमेशा क़ायम रहती है और साम और दाम, सभी एक से हैं। यहाँ आप जहाँ जाना चाहें जा सकते हैं—कहीं कोई रोकने वाला नहीं है। इस आबाद शहर में सभी लोग सन्तुष्ट हैं। रैदास अपने इस बेग़मपुरा के संबंध में पद के अंत में कहते हैं कि ''कह रैदास खलास चमारा, जो उस सहर सों मीत हमारा।'' अर्थात् चमार रैदास कहते हैं कि जो इस शहर में है, वह हमारा मित्र है। रैदास की इच्छा यह है कि इस बेग़मपुरा में कोई दुःख के बंधन में नहीं पड़े और सब सुखी रहें। उन्होंने एक जगह लिखा है कि—''माधवे! पारस मनि लै जाऊ, मोहिं सोने का नहिं चाऊ। / जउ मों पै राम दयाला, देउ चून लून घीउ दाला। / मैं रूखी सूखी खाऊं, औरन की भूख मिटाऊं। / कोई परै ना दुःख की पासा, सब सुखी बसे रैदासा।'' अर्थात् हे माधव! अपनी पारस मणि ले जाओ, मुझे सोने की चाह नहीं है। जो यदि आप मुझ पर कृपालु हैं, तो मुझे आटा, नमक, घी और दाल दीजिए। मैं रूखी-सूखी खाऊँगा और दूसरों की भी भूख मिटाऊँगा। मेरी इच्छा तो यह है कि कोई दुःख के बंधन में नहीं पड़े और सब सुखी रहें।

रैदास का आध्यात्मिक अनुभव और भक्ति 'श्रुत' और 'स्मृत' के माध्यम से आयी है, इसलिए इनमें कोई व्यवस्था और तारतम्य खोजना व्यर्थ है। रैदास ने अपने समय के अध्यात्म और भक्ति के जितने श्रुत और स्मृत रूप प्रचलित थे, उन सबसे लिया, उनको आज़माया और फिर अपनाया, इसलिए इनको किसी शास्त्रीय आधार पर समझने का कोई औचित्य नहीं है। उनका अध्यात्म भी उनका अपना और ईमानदार था। अपने और ईश्वर के संबंध की प्रकृति को लेकर उनके मन में दुविधा थी। उन्होंने बहुत ईमानदारी से इसको व्यक्त भी किया। उन्होंने लिखा कि—''मैं तैं तोरि मोरि असमंझसि सों कैसे करि निसतारा।'' मैं और तू और तेरी और मेरी—यह असमंजस है। कैसे इसका निस्तारण हो। उन्होंने भक्ति में ज़ोर आंतरिकता पर दिया। वे व्यर्थ के खंडन-मंडन और आलोचनाओं से दूर रहे। वे संप्रदाय निरपेक्ष भक्ति के हिमायती थे, लेकिन कलियुग में इसके व्यवहार में आने को लेकर उनके मन में संदेह था। उन्होंने इसको अपनी वाणी में चरितार्थ करने की कोशिश की। उन्होंने लिखा कि—''सन्तो कुल पखी भगति हैसी, कलिजुग मैं निपख विरला निबहैसी।'' अर्थात् कलियुग में सांप्रदायिक भक्ति होगी। कोई बिरला ही संप्रदाय निरपेक्ष

भक्ति का निर्वाह कर पाएगा। प्रतिरोध और प्रतिवाद भी उनके यहाँ कहीं-कहीं दिखता है, लेकिन यह बहुत विनम्र और शालीन है और इसमें उग्रता और आक्रामकता नहीं है। अपने समय के सगुण-निर्गुण विवाद, इसके खंडन-मंडन से वे परिचित तो हैं और निर्गुण को अपने अनुभव में उतारते भी हैं, लेकिन झुकाव उनका सगुण की ओर ही है और मन भी उनका रमता इसी में है। कभी-कभी ऐसा लगता है कि जैसे उनका समर्पण, निष्ठा, प्रेम आदि सब कुछ 'सगुण' आराध्य के प्रति है, जिसको उन्होंने अपने समय के चलन के अनुसार 'अनंत' कह दिया है। अपनी निम्न जातीय संबद्धता को लेकर उनके मन में कोई कुंठा या निम्न भाव नहीं है और इस कारण वे 'इतर', यहाँ तक कि 'विप्र' के प्रति भी आक्रामक और कटु नहीं होते। अपने निम्न होने का भाव उनकी भक्ति में प्रपत्ति का हिस्सा बनकर गर्व का रूप ले लेता है। बेग़मपुरा की उनकी कल्पना उनकी प्रपत्ति भक्ति 'हरि का भजै सो हरि का होई' का ही विस्तार है। रैदास की वाणी में कविता या वाग्मिता का आग्रह नहीं है। वे सन्त हैं और सन्तत्व ही उनकी वाणी में सर्वत्र है और इसके लिए जितना कवि होना पड़ता है, उतने वे सहज ही हैं ।

कबीर की तरह रैदास का अपना कोई संप्रदाय नहीं बना, उनके अनुयायी दादू आदि दूसरे संप्रदायों के अधीन हो गए, इसलिए उनकी रचनाओं की कबीर की रचनाओं के संकलन और वर्गीकरण की तरह की कोई परंपरा नहीं मिलती। यह अवश्य है कि बहुत पहले से सन्त-भक्तों की रचनाओं में रैदास की वाणी को भी संकलित करने की परंपरा बन गयी। रैदास की वाणी को संरक्षित करने में *आदिग्रंथ* और दादूपंथी सन्तों की महत्त्वपूर्ण भूमिका है। रैदास की लोकप्रियता के बावजूद उनकी वाणी सीमित है और जो है उसमें आवृत्ति बहुत है। *आदिग्रंथ* में रैदास के 40 पद और एक श्लोक सम्मिलित हैं। दादूपंथियों के ग्रंथ *पंचबानी* के रूप में विख्यात हैं और ये ख़ास तौर पर राजस्थान के ग्रंथागारों में उपलब्ध हैं। रज्जब और गोपाल की *सर्वंगी* में रैदास की रचनाएँ संकलित हैं। फतहपुर की नयी उपलब्ध पांडुलिपि *पद सूरदास जी का* (1582 ई.) में पाँच पद रैदास के भी हैं। नाथ और सिद्ध संप्रदाय से संबंधित कुछ पोथियों में रैदास की रचनाएँ मिली हैं।

यहाँ संकलित रैदास के पद, साखियाँ और *प्रहलाद चरित* किसी एक स्रोत पर निर्भर नहीं हैं। वियोगी हरि, शुकदेव सिंह, योगेंद्र सिंह आदि विद्वानों

ने उनकी वाणी का जो पाठ संपादन किया है, ये उनमें से लिए गए हैं। रैदास की वाणी के एकाधिक पाठ मिलते हैं, जिनमें वर्तनी संबंधी वैविध्य बहुत है। यहाँ संकलित रचनाओं का पाठ, एकरूपता के लिए, रैदास के प्रसिद्ध अध्येता डॉ. शुकदेव सिंह की संपादित वाणी के अनुसार रखा गया है। यहाँ रचनाओं में अनुनासिकता के लिए सर्वत्र अनुस्वार का ही प्रयोग है। यहाँ चंद्रबिन्दु का प्रयोग नहीं हुआ है। दरअसल रैदास की अधिकांश पांडुलिपियाँ राजस्थान में मिलती हैं, जहाँ मध्यकाल में राजस्थानी और गुजराती की निकटता के कारण वर्तनी में चंद्रबिन्दु नहीं था। रैदास की वाणी के पाठकर्ताओं या लिखियाओं ने भी इसीलिए चंद्रबिन्दु का प्रयोग नहीं किया। पाठकों की सुविधा के लिए यहाँ संकलित रचना को रैदास के सरोकारों और भाव बोध के आधार पर पाँच भागों—बेगमपुरा सहर का नाऊं, गुन निरगुन कहियत नहिं जाके, प्रभु जी तुम चंदन हम पानी, किहि मन टेढ़ो-टेढ़ो जात और माया के भ्रम कहा भुलानो में वर्गीकृत किया गया है। यह वर्गीकरण बहुत विभाजक और साफ़ नहीं है—व्यापक सरोकारों वाली सन्त-भक्तों की वाणियों में यह संभव भी नहीं है।

आशा है, मध्यकाल में अपनी निम्न जातीय अस्मिता के प्रति सचेत और इसे भक्ति का आधार बनाने वाले रैदास की ये रचनाएँ पाठकों और शोधार्थियों को अच्छी लगेंगी।

20 मई 2022
उदयपुर

—माधव हाड़ा

पद

बेगमपुरा सहर का नाऊं

अब हम खूब वतन घर पाया, ऊंचा खेरसदा मन भाया।
बेगमपुरा[1] सहर का नाऊं, दुःख अंदेस नहीं तिहिं ठाऊं[2]॥
ना तसबीस,[3] खिराजु[4] न मालू,[5] खौफ[6] न खता न तरसु जवालु।
काइमु[7] दाइमु सदा पातिसाही, दाम[8] न, साम[9] एक सा आही।
आवादानु[10] सदा मसहूर, ऊहांगनी बसहिं मामूर[11]।
तिउं-तिउं सैर करहिं जिउ भावै, हरम महल[12] मोहिं अटकावै।
कह रैदास खलास चमारा, जो उस सहर सों मीत हमारा॥1॥

ऐसी मेरी जाति विख्यात चमारं, हृदय राम गोविंद गुनसारं।
सुरसरि जल क्रित वारुनी[13] रे, जिसे संत जन करत नहिं पान।
सुरा अपवित्र तिनिगंगा जल मानिए, सुरसरि मिलत नहिं होत आनं।
ततकरा[14] अपवित्र कर मानिए, जैसे कागदगर[15] करत विचारं।
भगत भगवंत जब ऊपरै लेखिए, तब पूजिए करि नमस्कारं।
अनेक अधम जीवन नांव गुनि उधरै, पतित पावन भा परसि सारं।
भनत रैदास निरंकार गुन गावते, संत साधु भए सहज पारं॥2॥

---

1. बिना ग़म का शहर, दुःखरहित नगर 2. स्थान 3. जाँच-पड़ताल 4. कर 5. माल, सामग्री
6. भय 7. क़ायम 8. दंड 9. सराहना, स्तुति 10. आबाद शहर 11. तैनात 12. सामंत 13. वारुणी,
सुरा 14. तत्काल 15. लेखक

ऐसो कछु अनुभौ कहत न आवै, साहब मिले तौको बिलगावै[1]।
सब में हरि है हरि में सब है, हरि अपनो जिन जाना।
सखी नहीं अउर कोई दूसर जाननहार सयाना।
बाजीगर[2] संग में राचि रहा, बाजी का मरम न जाना।
बाजी झूठ सांच बाजीगर, जाना मन पतियाना।
मन थिर होइ तो कोई न सूझै, जानै जाननहारा।
कह रैदास विमल विवेक सुख, सहज सरूप सभारा॥3॥

कालहु नाइ ताहि पद सीसा, नहिं बिसरऊं[3] बिन एकहु ईसा।
जनम मरनु अरु जंग जाला, नाम परताप न विआपहिं व्याला[4]।
अगत विगत अनादि अनूपा, बिस्व बिआपक[5] ब्रह्म अरूपा।
घट-घट तिह पेषियत[6] अइसे, जल मंहि लहिर जल जइसे।
कहि 'रैदास' हरि सरब विआपक, सरब च्यंतामनि सरब प्रतिपालक॥4॥

---

1. अलग करता है 2. जादूगर 3. विस्मरण करता हूँ 4. साँप 5. व्यापक 6. देखता हूँ

खालिक[1] सिकसता[2] मैं तेरा, दे दीदार[3] उमेदगार बेकरार जीव मेरा।

अवल[4] आखिर इलम[5] आदम मौज फरिस्ता बंदा।

जिसकी पनज[6] पीर पैगंबर, क्या गरीब क्या गंदां।

तू हाजरा[7] हजूर जोग एक, अवर[8] नहीं है दूजा।

जिसके इसक आसरा नाहीं, क्या निवाज क्या पूजा।

नालीदाज[9] हनोज[10] बेबखत,[11] किमि[12] खिदमतगार तुम्हारा।

दरिमादा दर[13] ज्वाब ना पावै, कहि रैदास विचारा॥5॥

❖   ❖   ❖

खोजत किंथु फिरे, तेरे घट[14] मंह, सिरजनहारं।

किस्तूरी म्रिग पास है रे, ढूंढ़त घास फिरै।

पाछ लागो काल पारधी,[15] छिन मंह प्रान हरै।

इला पिंगला सुखमन[16] नारी, जा मैं चित न धरै।

सहस्तार[17] मंह भंवर गुफा है, भंवरा[18] गूंज करै।

दिल दरियाव[19] हीरालाल है, गुरमुख समझ परै।

कहि 'रैदास' समुझि रे संतो, इहु पद है निरवान।

इहु रहसि कोउ खोजे बूझे, सोउ है संत सुजांन॥6॥

❖   ❖   ❖

---

1. ब्रह्म, ईश्वर 2. टूटा हुआ, निर्बल 3. दर्शन 4. अव्वल, सर्वोपरि 5. विद्वान् 6. पनाह, आश्रय
7. हाज़िर, अस्तित्वमान, 8. दूसरा 9. चमार 10. अब तक 11. अभागी 12. कमीना 13. दरवाज़ा
14. आत्मा 15. शिकारी 16. इड़ा, पिंगला और सुषुम्ना नाड़ियाँ 17. सिर के शिखर पर स्थित
चक्र 18. भ्रमर 19. समुद्र

गगन मंडल में आरती कीजै, नाद बिंद[1] इकमेक करीजै।

सुसमन इंदु अम्रित कुंभ धरावै, मनसा माला फूल चढ़ावै।

घीव[2] अखंडा सोहै बाती, त्रिकुटी[3] जोत जले दिन राती।

पवन साधना थाल सजीजै, तामैं चौमुख मन धरि लीजै।

रवि ससि हाथ गहौ तिंह माहीं, विन दहिने विन बामैं[4] लाहीं।

सहस कंवल सिंहासन राजै, अनहद[5] बाजन नित ही बाजै।

इहं विध आरती सांची सेवा, परम पुरिख अलख[6] अभेवा।

कहै 'रैदास' गुरदेव बतावै, ऐसी आरती पार लंघावै॥7॥

गाइ गाइ अब का कहि गाऊं, गावनहार को निकट बताऊं।

जब लगि है या तन की आसा, तब लगि करां पुकारै।

जब मन मिलो आस नहिं तन की, तब को गावन हारां।

जब लगि नदी न समुद्र समावै, तब लगि बढ़े हंकारा[7]।

जब मन मिलो राम–सागर सों, तब यह मिटी पुकारा।

जब लगि भगति मुकति की आसा, परम तन सुनि गावै।

जहं–जहं आस धरत है यह मन, तहं तहं कछू न पावै।

छाड़ै आस निरास परम पद, तब सुख सतकरि होई।

कह रैदास जासों और करत हैं, परम तत अब सोई॥8॥

---

1. बिन्दु 2. घी 3. दोनों भौंहों के बीच का स्थान 4. बायें 5. सीमातीत नाद 6. अलक्ष्य, ब्रह्म
7. अहंकार

चमरटा गांठि न जानई, लोगु गठावै पनहीं[1]।
आर नहीं जिंह तोपऊं, नहीं रांबी[2] ठांऊ रोपऊं॥
लोगु गंठि गंठिखरा बिगूचा,[3] हउं बिनु गोंठे जाइ पहुंचा।
रैदास जपै राम नामा। मोहिं जमि सिउ नाहीं कामा॥७॥

❖ ❖ ❖

जब हम होते तब तू नांही, अब तू ही मैं नाहीं।
अनल अगम जैसे लहर भइ ओदधि,[4] जल केवल जल मांही॥
माधवे किआ कहीए प्रभु ऐसा, जैसा मनीए[5] होइ न तैसा॥
नरपति एकु सिंघासनि सोइआ, सुपने भइआ भिखारी।
अछत[6] राज बिछुरत दुखु पाइआ, सो गति भई हमारी॥
राज भुइअंग प्रसंग जैसे हंहि, अब कुछ मरमु जनाइआ।
कनिक कटंक जैसे भूलि परै, अब कहते कहनु न आइआ।
सरबै एक अनेकैं, सुआमी,[7] सभ घट भोगवै सोई।
कहि 'रैदास' हाथ पै नेरै,[8] सहजे होई सु होई॥10॥

❖ ❖ ❖

---

1. पगरखी, जूती 2. जूती गाँठने का औज़ार 3. भ्रमित 4. उदधि, समुद्र 5. मानिए 6. अक्षत
7. स्वामी 8. पास, निकट

जब राम नाम कहि गावैगां

ररंकार[1] रहत सबहिन मै, अंतर मेल मिलावैगा।

लोहा समकर कंचन समकर,[2] भेद अभेद समावैगा।

जे सुख होवै पारस कै परसै, सो सुख का कहि गावैगा।

गुर प्रसाद भई अनभै मति, विस अम्रित सम ध्यावैगा।

कहे 'रैदास' मेटि आपा पर, तब वा ठौरहिं[3] पावैगा ॥11॥

❖ ❖ ❖

जाकै रामजी धनीं,[4] ताकै[5] काहिं की कमी है।

मनसा को नाथ मनोरथ पुरवै,[6] सुख निधान की कहा गिनीं[7] है।

कवन काज किरपन की माया, करत-फिरत अपनीं अपनीं है।

खाई नसके, खरच नहिं जानैं, ज्यौं भवंग[8] सिर रहत मनी[9] है।

रखवारै को चक्र सुदरसन, बिघन न व्यापै, रोक छिनीं है।

सिव सनकादिक पार न पावै, मों बपरै[10] की कौन गिनीं हैं।

जाकी प्रीति निरंतर हरि सौं, कहे 'रैदास' ताकी सदा ही बनी है ॥12॥

❖ ❖ ❖

---

1. राम का 'र', ब्रह्म का अस्तित्व 2. समान करके 3. स्थान पर 4. स्वामी 5. उसके 6. पूरी करता है 7. गिनती, गणना 8. साँप 9. मणि 10. बेचारे

जिहिं कुल साधु बेसनों[1] होई।

बरन अबरन रंकु[2] नहीं ईसरु, विमल बासु जानिए जग सोइ।

ब्रह्मन बैस सूद अरु ख्यत्री, डोम चंडार मलेछ मन सोइ।

होइ पुनीत भगवंत भजन ते, आपु तारि तारे कुल दोइ।

धंनि[3] सु गांऊ धंनि सो ठाऊं, धंनि पुनीत कुटंब सभ लोइ[4]।

जिनि पीआ सार रसु, तजै आन[5] रस, होइ रस मगन डारे विस खोई।

पंडित सूर छत्रपति राजा, भगत बराबरि अवरु[6] न कोई।

जैसे पुरैन[7] पात रहे जल समीप, भनि रैदास जनमे जगि ओइ ॥13॥

❖ ❖ ❖

ज्यौं तुम कारन केसवे, अंतरि लव[8] लागीं।

एक अनुपम अनुभव किमि होइ विभागी।

इक अभिमानी चात्रिगा, विचरत जग माहीं।

जदपि जल पूरन मही, कहूँ था रुचि नाहीं।

जैसे कामी देखे कामिनी, हृदय सूल उपजाई।

कोटि वैद विधि उपचरै, बाकी विथा न जाई।

जो जिहि चाहे सो मिले, आरति गति होई।

कह रैदास यह गोप[9] नाहीं, जाने सब कोई ॥14॥

❖ ❖ ❖

---

1. बैठना, स्थान 2. भिखारी 3. धन्य 4. लोग 5. अन्य 6. दूसरा 7. कमल का पत्ता 8. लौ, लगन
9. गुप्त, गोपनीय

ताथै पतित नहीं कौ पावन, हरि! तजि आंन न ध्याया रे।

हम अपूजिपूजि भये हरि थैं, नांव अनूपम पाया रे॥

अस्टादस[1] व्याकरन बखाने, तीनि काल स्वर जीत्या रे।

प्रेम भगति अंतर गति नाहीं, ताथै धानंक[2] नींका रे॥

ताथैं भलौ स्वांन को सत्रु, हरिचलां चित लाया रें।

मुवां मुकति बैकुठह बासा, जीवत इहाँ जस पाया रे॥

हम अपराधी नीच घरिजनमैं, कुटुब लोग करे हांसी रे।

कहे 'रैदास' राम जपि रसना, काटे जम की पासी[3] रे॥15॥

तेरो जन काहे को बोले, बोलि बोलि अपनी भगति को खोले।

बोलत-बोलत बड़ै बियाधी,[4] बोल अबोलै जाई।

बोले बोल अबोल कौ पकरै करै बोल बोल की खाई।

बोले ग्यांन मान पकरि बोले बोलै बेद बड़ाई।

उर महि धरि धरि जबही बोलै, तबही मूल गंवाई।

बोलि बोलि ओरेहि[5] समुझावै, तब लगि समझ न भाई।

बोलि-बोलि समझी जब बूझी काल सहित सब खाई।

बोले गुरु अरु बोलै चेला, बोल बोल की परतीति आई।

कहै रैदास मगन भयो जबहि, तबहि परमनिधि पाई॥16॥

दिल दरियाव[1] हीरालाल है, गुरमुख समझ परै।
मरजी[2] वाकी[3] से न विचारै, तउ हीरा हाथ परै॥
कहि 'रैदास' समुझि रे संतो, इहु पद है निरवान।
इहु रहसि[4] कोउ खोजै बूझै, सोउ है संत सुजांन॥17॥

❖   ❖   ❖

परचे रामरमे जे कोई, पारस परसै दुबिध न होई।
जो दीसै[5] सो सकल विनास, अनदीठे नाहीं विसवास।
बरन रहित कहै जे राम, सो भगता केवल निहकाम[6]।
फल कारन फूलै बनराई, फूल लागा तब पुहुप बिलाई[7]।
ग्यानहि कारन करम कराई, उपजै ग्यांन तो करम नसाई।
बटक[8] बीज जैसा आकार, परयो तीनि लोक पासार।
जहाँ का उपजा तहाँ बिलाई, सहज सुन्न में रहयो लुकाई[9]।
जो मन बिदै सोई बिंद, अमासमय[10] ज्यौं दीसै चंद।
जल में जैसे तुंबा तिरै, परिचै पिंड जीव नहिं मरै।
सो मन कोन जो मन को खाई, बिन दौरे तिरलोक समाई।
मन की महिमा सब कोउ कहै, पंडित सो जो अनतै रहै।
कह रैदास यह परम बेराग, राम नाम किन जपहु सभाग।
घृत कारनि दधि मथै सयांन,[11] जीवन मुकति सदा त्रिबांन[12]॥18॥

❖   ❖   ❖

---

1. समुद्र 2. इच्छा 3. उसकी 4. रहस्य 5. दिखाई पड़ता है 6. निष्काम 7. विलीन हो जाते हैं,
नष्ट हो जाते हैं 8. वटवृक्ष 9. छिपकर 10. अमावस्या 11. चतुर 12. निर्वाण

पार गया चाहै सब कोई, रहि उर वार पार नहिं होई
पार कहै उर वार सूं पारा, बिन पद परचै भ्रमै गंवारा।
पार परमपद् मंझि[1] मुरारी, ता मैं आप रमैं बनवारी[2]।
पूरन ब्रह्म बसे सब ठांइ,[3] कहै रैदास मिले सुख साई॥19॥

❖ ❖ ❖

पीआ राम रसि पीआ रे।

तातैं अमर जुगा-जुग जीआ रे।

दया सुराही तत्तु[4] पिआला निरमउ[5] अम्रित चीना[6] रे।

भरि भरि देव सुरत[7] कलाली,[8] दरिया दरिया पीना रे।

मनिमाता मन मा मतवारी, चित गलतान[9] हैराना रे।

पीवतु पीवतु आपा भूला, पीवनुहार बिलाना[10] रे।

पाँच पचीस तीन अरु चारा, मजलस[11] मांहि घिराना रे।

पीवतु पीवतु उनमत माया, अलमस्ती दिवाना रे।

दरि धरि भूलि गयो 'रैदास' आसामद मतवारी रे।

पलु पलु प्रेम पिआला चालै, छूटे नांहि खुमारी रे॥20॥

❖ ❖ ❖

प्रीति सुधारन आव।

तेज सरूपी सकल सिरोमनि, सकल निरंजन राव।

पीव संग प्रेम कबहूँ नहिं पायौ, कारनि कवन बिसारी[1]।

चक[2] को ध्यान दधिसुत[3] सों ज्यो है, तो तुमते मैं न्यारी।

भोर भयो मोहिं इक टग जोवत, तलफत रजनी जाई।

पिय बिन सेजहि का सुख सोऊँ, विरह विथा तन खाई।

मेटि दुहाग[4] सुहागिन कीजै, अपने अंग लगाई।

कह रैदास स्वामि तैं बिछरै, एक पलक जुग जाई॥21॥

❖ ❖ ❖

भगति न होइ रे होई, जब लग तन सुध न होई।

भगति नहीं नांचै अरु गावै, भगति न बहु तप कीन्हा।

भगति नहीं स्वामी अरु सेबग, जब लग परम तत्त नहीं चीन्हा।

भगति न ग्यांन जोग बेरागे, भगति न कहै कहावैं।

भगति न सुंनि[5] मण्डल घर सोधै, भगति न कछु दिखावैं।

जहाँ जहाँ जाइ तहाँ बंधन, त्रिविध ताप[6] न जाई।

कहे 'रैदास' तबै सचु पावै, आपा उलटि समाई॥22॥

❖ ❖ ❖

---

1. विस्मरण किया, भुलाया 2. चकवा 3. चंद्रमा 4. पहली पत्नी के रहते दूसरी पत्नी लाना
5. शून्य 6. दैहिक, भौतिक और दैविक तीन प्रकार के ताप

माधवे ! पारस मनि लै जाऊ, मोहिं सोने का नहिं चाऊ[1]।
जउ मों पै राम दयाला, देउ चून[2] लून[3] घीउ दाला।
मैं रूखी सूखी खाऊँ, औरन की भूख मिटाऊं।
कोई परै ना दु:ख की पासा, सब सुखी बसे रैदासा ॥23॥

रथ को चतुर चलावन हारो।
खिन[4] हांके खिन ऊंभौ[5] राखै, नहीं आन को सारौ[6]।
जब रथ रहै सारथि थाकै, तब को रथहि चलावे।
नाद बिंद सबै ही थाकै, मन मंगल नहिं गावै।
पाँच तत को यह रथ साज्यो, अरधै उरध[7] निवासा।
चरन कमल ल्योह[8] लाइ रह्यौ है, गुन गावै रैदासा ॥24॥

---

1. चाव, इच्छा 2. आटा 3. लवण, नमक 4. क्षण 5. खड़ा 6. सहारा 7. अधर–उर्ध्व 8. लगन

रे पायो रे राम अमीरस।

रस जिनि मगन है रहिया, ररंकार[1] राखे नित रसना[2]।

इहु रस पीव राम रस बड़ौ अप्पु मगन रहि है दिन रैना।

लोक रस लागि विसे विसदेही, मनो राम भौजल[3] नहिं बहना।

अभिअंतर भजौ नित अविगत, इहि उपाइ अतिरं भौ[4] तरना।

चिंतामनि लाल हाथै जै चढ़ियौ, हुवौ उजास तिमिर नहिं रहना।

भज रैदास राम नित रसना, दुरलभ जनम विरथा[5] नहिं गवना ॥25॥

❖ ❖ ❖

संत उतरै आरती, देवसिरोमनि मानिये।

उर अंतरि तहाँ पैसि,[6] बिन रसना भजिये।

मनसा   मंदिर,   माहिं   धूप   धुपाइये।

प्रेम   प्रीति   की   माल   राम   चढ़ाइये।

चहुँ   दिसि   दिउरा[7]   बारि,   जगमग   हो   रहिये।

जोति   जोति   सम   जोति,   हिलमिल   हो   रहिये।

तन   मन   आतम   बारि,   तहाँ   हरि   गाइये।

भनत   जन   रैदास,   तुम   सरना   आइये ॥26॥

❖ ❖ ❖

---

1. 'राम' का उच्चारण 2. जीभ 3. भवजल 4. भव 5. व्यर्थ 6. प्रविष्ट होकर 7. दीपक

संत तुझी तनु संगति प्रान, सतिगुर गिआंन जानै संत देवादेव।

संत ही संगति, संत कथा रसु, संत प्रेम मोहि दीजै देवादेव।

संत आचरन, संत सो मारग, संत ही सो लागै लगनि[1]।

अउर इक मांगउ भगति चिंतामनि, जनि लखावहु असत पापी सनि।

रैदास भने जो जाने सो जानु, संत अनंतहि[2] अंतरु नाहिं।।27।।

❖ ❖ ❖

सतगुर हमहु लखाई[3] बाट[4]।

जनम पाछले पाप नसाने, मिटिगी सबु संताप।

बाहरि खोजत जनम गंवाए, अनमनि ध्यांन रहे घट आप।

सबद अनाहद बाजत घट मंह, अगम गिआंन मौ गुर परताप।

धन दारा[5] मंह रहियो मगन नित, गुनो मिचु[6] की ताप।

कहि 'रैदास' गुरु रह दिखावइ लिखा बुझि, मिटि मन संताप।।28।।

❖ ❖ ❖

---

1. लगन 2. अनंत का 3. दिखाई 4. मार्ग 5. स्त्री 6. मृत्यु

संतो कुल पखी[1] भगति ह्वैसी, कलिजुग मैं निपख[2] विरला[3] निबहैसी[4]।
जांनि पिछांनि हरसि मन हुलस्यौ, बिन पिछांनि मिलतां मुरझासी।
अपस्वारथ परमेधि[5] दष्यादे,[6] परमारथ न दिढ़ासी।
विन विसवास बांझ रति[7] जइसै हरि कारनि क्यूं रासी।
भाव भगति हिरदै नहिं आसी, विसय लागी सुख पासी।
कहि रैदास पूरा गुर पावै, स्वांग[8] को स्वांग दुखासी॥29॥

❖ ❖ ❖

सुख की सार सुहागिनि जानै, तजि अभिमानु सुख रलियाँ[9] माने।
तनु मनु देह न अंतरु राख, अपरा[10] देखि न सुने अमाखै[11]।
सो कत जानै पीर पराई, जाके अंतरि दरदु ने पाई।
दुखी दुहागनि[12] दुइ पख हीनी, जिनि नाह निरंतरि भगति न कीनी।
स्वामि प्रेम का पंथ दुहेला,[13] संगी न साथी गवनु इकेला।
दुखीआ दरदुबंद दरि[14] आइआ, बहुत पिआस जवानु न पाइआ।
कहि रैदास सरनि प्रभ तेरी, जिउ जानहु तिउ करु गति मेरी॥30॥

❖ ❖ ❖

---

1. कुल के पक्ष की, साम्प्रदायिक 2. निष्पक्ष, असाम्प्रदायिक, दादूदयाल द्वारा प्रवर्तित भक्ति का एक रूप 3. विरला, अनोखा 4. निभेगी 5. श्रेष्ठ प्राणी 6. उपाधि दे दे 7. प्रेम 8. नाटक 9. क्रीड़ा 10. दूसरे का 11. नाराज़ या क्रोधित होता है 12. ऐसी स्त्री जिसके पति ने दूसरी स्त्री से विवाह किया हो 13. कठिन 14. दरवाज़ा

सु कछु विचारयो, ताथैं[1] मेरो मन थिर[2] है रहयो।
हरिरंग लागौ, ताथैं मेरों बरन पलटि भयो।
जिन यह पंथी[3] चलावा, अगम गवन में गम दिखलावा।
अबरन बरन[4] कथें जिनि कोई, घटि[5] घटि व्याप रहयो हरि सोई।
जिहि पद सुर नर प्रेम पियासा, सो पद रमिरहयो जन रैदासा॥31॥

सुख सागरु सुरतर[6] चिंतामनि कामधेनु बस जाके।
चारि पदारथ असर महासिधि, नवनिधि करतल[7] ताके॥
हरि हरि हरि न जपहिं रसना, अवर सम छांड़ि वचन रसना।
नाना गिंआन[8] पुरान वेद विधि, चउंतीस[9] आखर माठी॥
विआस[10] विचारि कहियो परमारथु, राम नाम सरि नाहीं।
सहज समाधि उपाधि रहत, पुनि बड़े भागि लिव लागी॥
कहि रैदास प्रगासु रिदें[11] धरि, जनम मरन भै[12] भागी॥32॥

हम घर आयहु राम भतार,[1] गावहु सखि मिलि मंगलाचार।
तन मन रत करहिं आपुनो, तौ कहुँ पाइहि पिव पिआर॥
पीतम कूं जौ दरसन पाए, मंन मन्दर मंह भयो उजियार।
हौं मड़ई तै नौ निधि पाई, क्रिपा कीन्हीं राम करतार।
बहुत जनम तें बिछुरे पिब पायो, जनम जनम बिलई[2] रार[3]।
कहि रैदास हौं कछु नहिं जानौं, चरन कंवल मंह तुव मुरार[4] ॥33॥

❖   ❖   ❖

हरि जपत तेऊ जना पदम कंवलास पति, ता समतुलि[5] नहिं आन कोऊ।
एक ही एक अनेक होइ विसरियो[6] आन रे, आन भरपूरि सोऊ।
जाके भागवत लेखिये अवरु न पेषिए, तास की जाति आछोप छीपा।
विआस महि लेखिए, सनक महि पेषिए नाम की नामना सपत दीपा।
जाके ईद बकरीद कुल गउ रे बधु करहिं, मानि आहि सेख सहीद पीरा।
जाके बाप वैसी करी, पूत ऐसी सरी, तिहरे लोक परसिध कबीरा।
जाके कुटुंब के ढेढ[7] सब ढोर[8] ढोवंत फिरहिं, अजहूँ बनारसी आस पासा।
आचार सहित विप्र करहिं दंडौति,[9] तिन तनै रैदास दासानुदासा॥34॥

❖   ❖   ❖

---

1. भरतार, पति 2. विलीन हो गयी, खत्म हो गयी 3. झगड़ा 4. मुरारि, ईश्वर 5. समान तुल्य
6. विस्मृत कर दिया 7. चमार 8. पशु 9. दंडवत प्रणाम करते हैं

है सब आतम सुख स्वयं प्रकास सांचो।
निरंतर निराहार कलपति ये पांचों[1]॥
आदि मध्य औसान[2] एक रस, तार बन्यो हो भाई।
थावर[3] जंगम[4] कीट पतंगा, पूरि रह्यौ हरि राई।
सिव न असिव, साध अरु सेवग, ऊंभै[5] भाव नहिं होई।
सरवेश्वर सरबांगी, सरबगति, करता हरता सोई।
धरम अधरम मोच्छ नहिं बंधन, जरा मरन भव नासा।
द्रिस्टि अद्रिस्टि ग्येय अरु ग्याता एकमेक रैदासा॥35॥

❖ ❖ ❖

गुन निरगुन कहियत नहिं जाके

अमर भये हम काहे कूं[6] मरि हैं।

मिथ्या जग माया तजि दीनी, सत्त रूप मनु धरि हैं।

जौ दीसै सम माया फंदा ताकि जेवरि[7] कतरिहैं।

अनिक[8] बारु जन्म अरु मरिये, फुनि हों भमरि[9] न परिहैं।

एतरि नाव खेवटिया[10] गुरु रामा, नाम लेत हो तरिहैं।

पर जनम मंह पातक[11] बहुले, हौं पाछै ही बिछरिहैं।

कहि 'रैदास' अब बनी कुछ ऐसी, फुनि[12] ओसर किहिं परिहैं॥1॥

❖ ❖ ❖

---

1. पाँच इन्द्रियाँ 2. अवसान, अंत 3. स्थावर 4. चल-अचल 5. उन्मन अवस्था 6. क्यों 7. रस्सी
8. अनेक 9. भँवर, चक्कर, आवागमन 10. नाविक 11. पाप 12. पुनः

अखिल खिले नहिं का कहि पंडित, कोई न कहै समुझाई।
अबरन बरन रूप नहिं जाके, कहं लौं जाइ समाई॥
चंद-सूर नहिं, राति-दिवस नहिं, धरनि अकास न भाई।
करम-अकरम नहिं, सुभ-असुभ नहिं, का कहि देहु बड़ाई[1]॥
सीत न उस्न[2] न बाउ[3] नहिं सरवत,[4] काम कुटिल नहिं होई।
जोग न भोग, रोगनहिं जाके, कहौं राम सत सोई॥
निरंजन, निराकार, निरलेपी, निरविकार निसासी।
काम कुटिल नहिं होई हर-हर आवै हांसी॥
गगन धूर-धूप नहिं जाके, पवन पूर नहिं पानी।
गुन निरगुन कहियत नहिं जाके, कही तुम बात सयानी॥
याही सों तुम जोग कहत हो, जब लग आस की पासी[5]।
छूटे तबहीं जब मिलै एक हीं, भनै[6] रैदास उदासी॥2॥

❖ ❖ ❖

आरति कहाँ लौ जोवै, सेवक दास अंचभौ होवैं।
बावन कंचन दीप धरावै[7] जड़[8] वैराग द्रिस्टि न आवै।
कोटि भानु जाकी सोभा रोमैं, कहा आरती अगनि रु धूमैं[9]।
पाँच तत यह त्रिगुनी माया, जो दीसै सो सकल समाया।
कह रैदास देखा हम मांही सकल जोति रोम सम नाहीं॥3॥

❖ ❖ ❖

---

1. महिमा 2. उष्ण, गर्म 3.. वायु 4. चूता है (पानी की तरह) 5. बंधन 6. कहता है 7. रखवाता है 8. मूर्ख 9. धुआँ

अब का कहि कौन बताऊं। अब का कहि देवलि देव समाऊँ॥

का स्यौं[1] राम कहीं सुनि भाई, का स्यौं क्रिस्न[2] करीमां।

का स्यौं बेद कतेब कहूँ अब, का स्यौं कहूँ ल्यौं[3] लीना॥

का स्यौं   तप तीरथ व्रत पूजा, का स्यौं नाउं कहाऊँ।

का स्यौं भिसति दोजिगु, ना सति करि, का स्यौं कहूँ कहाई।

का स्यौं जीव सीव कहौं माधो, सुनि सहजि घरि माई॥

का स्यौं गुनी न गुन कहूँ माधो, का स्यौं कहूँ बताई॥

जल के तरंग जल मांहि समाई, कहि काकौ नांव धरियै।

ऐसे तें मैं एक रूप हैं माधो, आपन ही निरवरिये[4]॥

भने 'रैदास' अब का कहिं गाऊँ, जउ कोई औरहि होई।

जा स्यौं गाइहि गाइ कहत हैं, परम रूप हम सोई॥4॥

आरती करत हंसै मन मेरो, आवत चित तुव रूप घनेरो[5]।

अजर अमर अडोल[6] अभेस निरगुन रहित रूप नहिं रेखा।

चेतन सत चित् घन आनन्दा, निरविकार तेज अमित अभेदा।

अनूप अजन्मा, सरबग्य अनन्ता, अभेद अदेख अविगत सुछंदा[7]।

नाम की बाती घीव[8] अखंडा, इकहीं जोत जले ब्रहंडा।

अनत बार तोहि धिआन[9] लगावा, सुनि जनि पै पार नहिं पावा।

मन बच करम 'रैदास' धिआवा,[10] घंटा झालर मनहिं बजावा॥5॥

---

1. से 2. कृष्ण 3. लगन 4. निवारण कीजिए 5. बहुत 6. अविचलित 7. स्वच्छंद 8. घी 9. ध्यान
10. ध्यान किया

ऐसा ध्यान धरौ बनवारी, मन पवन द्रिढ़[1] सुखमन[2] नारी।
सो जप जपौं जो बहुरि न जपना, सो तप तपौं जो बहुरि[3] न तपना।
सो गुरु करौं जो बहुरि न करना, ऐसो मरौ जो बहुरि न मरना।
उलटि गंग जमुन मैं लावौं, बिनहिं जल मज्जन[4] ह्वे आवौ।
लोचन भरि-भरि बिंब निहारौं, जोति विचारि न और विचारौ।
पिंड परे जीव जिस घर जाता, सबद अतीत अनाहद राता।
जापै क्रिपा सोई भल जानै, गूंगौ साकर[5] कहसं बखानै।
सुन्न मंडल में तेरा बासा, तातैं जीय मैं रहौ उदासा।
कहै रैदास निरंजन ध्याओ, जिस घर जाऔं बहुतरि न आऔं॥6॥

❖ ❖ ❖

ऐसो जानि जपो रे जीव, जपि लेउ राम न भर्यो जीव।
नामदेव जाति के ओछ,[6] जाको जस गावै लोक॥
भगत हेत भगता के चलै, अंकमा ले बीठल[7] मिलै।
कोटि जग्य जो कोई करै, राम-नाम सम तउ न निस्तरै[8]॥
निरगुन का गुन देखो आई, देही सहित कबीर सिधाई।
मोर कुचिल[9] जाति में बास, भगति हेतु हरि चरन निवास।
चारो वेद किया खंडौति,[10] जन रैदास करै दंडौति॥7॥

❖ ❖ ❖

---

1. दृढ़ 2. सुष्मना नाड़ी 3. वापस, पुन: 4. स्नान 5. शक्कर 6. निम्न 7. बिठोवा, विष्णु का महाराष्ट्र में पूज्य एक रूप 8. निस्तारण होता है 9. निम्न 10. खंडन किया

का गाऊँ गाइ न होई, गाऊँ रूप सहजे सोई।
नहिं अकास महिं धर धरनी, पवन पुर॒ घट चंदा।
नहिं अब राम क्रिस्न गुन भाई, बोलत है सुध छंदा।
नहिं अब वेद कतेब पुराननि, सुनि[1] सहज रे भाई।
नहिं अब मैं तैं मैं तैं, नाहीं, का स्यौं कहौं बताई।
भने 'रैदास' का कहि गाऊँ, गाइन गाइ हरांना[2]।
समुझि विचारि बोलि कहाँ धौं[3] आपहि आप समांना॥8॥

❖ ❖ ❖

गिरि वन काहे खोजन जाई, घट अभिअन्तर[4] खोजहु भाई।
पुहुप मधे[5] ज्यूं वास बसत है, त्यूं सब घट महिं रघुराई॥
बाहरि खोजन जनम सिरानों,[6] म्रिग[7] त्रिस्ना रह्यौ उरझाई।
राम चरन मंह थिर मन राखहुँ, रिंदै[8] कंवल बसे रघुराई॥
कहि 'रैदास' सुनहू रे संतों, राम भजन बिनु किन गति पाई॥9॥

❖ ❖ ❖

---

1. शून्य 2. हैरान, आश्चर्यचकित 3. तक 4. अभ्यंतर 5. मध्य में 6. समाप्त हो गया 7. हिरण
8. हृदय

घट, अवघट डूंगर घड़ां, इक निरगुन बैलु हमार।
रमईए सिउ[1] इक बेनती,[2] मेरी पूंजी राखु मुरारि॥
को बनजारौ राम को, मेरा टांडा[3] लादिया जाइ रे।
हउ बनजारौ राम को, सहज करऊं व्यापारु।
मैं राम-नाम धन लादिया, बिखु लादी संसारि॥
उरवार पार[4] के दानीआ, लिखि लेहु आल पतालु।
मोहि जम[5] डंडु[6] न लागई, तजीले सरब जंजाल।
मेरे रमइए रंगु मजीठे का, कहुँ 'रैदास' चमार॥10॥

❖　❖　❖

ताकौ जनम अकारथ[7] कहिए।
विसयन[8] रतु[9] संसा भ्रमु अटक्यो, भंवर कंद मंह रहिए॥
जग मंह रहहु कंवल जल जइसे, गुर चरनां चित रहिए।
आसनु छाड़ि द्रिदु आसन, बैइठि राम नांव लिव[10] लइए॥
पूजा भजनु कीरतन सब कछु, दसधा[11] हु मंहि समइए।
नेत नेत जिहिं वेद बखानहिं, राम रूप तेहि कहिए।
कहि 'रैदास' जउं व्यापहि घट घटु, तिहि कांइ बिसरिए॥11॥

❖　❖　❖

---

1. से 2. विनती 3. भार, वज़न 4. आवागमन 5. यम 6. दंड 7. निरर्थक 8. विषयों में 9. अनुरक्त
10. लौ, लगन 11. नवधा भक्ति में सम्मिलित दसवीं प्रेमलक्षणा भक्ति

त्यूं तुम कारन केसवे, अंतरि लौ लागी।
एक अनूपम अनभई,[1] किमि होइ बिभागी।
एक अभिमानी चात्रिगा,[2] विचरत जग मांहीं।
जदिप जल पूरन मही, कहुँ वा रुचि नाहीं।
जैसे कामी देखै कामिनी, हृदय सूल उपाई।
कोटि वैद विधि उचरै, बाकी विथा न जाई।
जो जेहि चाहै, सो मिलै, आरति[3] जू होई।
कहै रैदास मझु गोपि[4] नाहीं, जाने सब कोई॥12॥

❖ ❖ ❖

त्यों तुम कारन केसवे, लालचि जीव लागा।
निकट नाथ प्रापत नहीं, मन मोर[5] अभागा।
सागर सलिल सरोदिका, जल-थल अधिकाई।
स्वाति बूंद की आस है, पिउ प्यास न जाई।
जौं रे सनेही चाहिए, चितवहु दूरीं।
पंगुल[6] फल न पहुँचही कछ साध न पूरीं[7]।
कह रैदास अकथ कथा, उपनिसद, सुनीजैं।
जस तू, तस तूं, तस तूहीं, कस उपमा दीजै॥13॥

❖ ❖ ❖

---

1. निर्भय 2. चातक 3. पीड़ा, व्यथा 4. गोपनीय, गुप्त 5. मेरा 6. लंगड़ा 7. पूर्ण

नाम तेरो आरती भजनु मुरारे।

हरि कें नाम बिनु झूठे सगल पसारे।

नामु तेरो आसनों, नाम तेरो उरसा,[1] नामु तेरो केसरो, ले छिटकारे।

नामु तेरो अंभुला[2] नामु तेरो चंदनों, घसि जपै नामु लै तुझहि उंचारे।

नाम तेरो दीवा, नामु तेरो बाती, नामु तेरों तेलु लै मांहि पसारै।

नाम तेरे की जोति लगाई, उजिआरौ भवन सगला रे।

नाम तेरी तागा, नाम फूलमाला, भार अठारह[3] सगल[4] जुठारे[5]।

तेरी कीयो तुझहि कूं अरपउं, नामु तेरा तूं ही चंवर डोला रे।

दस अठा[6] अठसठे[7] चारि खानि, इहै बरतनि[8] है सगल संसारे।

कहै 'रैदास' नामु तेरो आरती, अंतरगति है हरि भोग[9] तुमारे ॥14॥

❖ ❖ ❖

बौरी[10] करिलै राम सनेहा।

संग सहेली व्याह चली सब, छांड़ि नैहरि[11] रा गेहा[12]।

खेलि खिलार बइस[13] सब बीती, मन चित भई न पिउ परतीती।

मैं, मैं, जौं लौ गरब बौरानी, तौ लौं पियरा मनु नहिं आनी।

आपा मेटि मैं मेरी खोही, गरब तियागी अरपिहि निज देही।

पिउ कौ नारी उहि मन आई, जिहि अभिअंतर अवरु[14] न काई।

जौं लौं पिउ रा मन नहिं आई, का सोरह[15] स्यंगार[16] बनाई।

सोइ सती रैदास बखानी, तन मन स्यूं पिउ रंग समानी ॥15॥

❖ ❖ ❖

---

1. हुरसा, चंदन घिसने का पत्थर 2. अंभस, पानी 3. जगत् की सभी वनस्पतियों का सार 18 भार कहलाता है 4. सकल 5. झूठे कर दिए 6. 18 पुराण 7. अड़सठ तीर्थ 8. नित्य के कार्य 9. नैवेद्य 10. पागल 11. पीहर 12. घर 13. वयस, उम्र 14. दूसरा 15. सोलह 16. शृंगार

भाई रे राम कहां है मोहि बताओ,
सतराम ताके निकट न आओ।

राम कहत सब जगत भुलाना, सो यह राम न होई।
करम-अकरम करुनामय केसो, करता नांव सु कोई।
जा राम हे सब जग जाने, मरम भूले रे माई।
आप आप थे कोई न जाने, कहै कौन सो जाई।
सतत लोभ परस जीतै मन, गुना प्रशननहिं जाई।
अलख[1] नांव जाकौ ठौर न कतहूं, क्यों न कहौ समुझाई।
भन! रैदास उदास[2] ताहि थैं, करता को है भाई।
केवल करता एक सही सिर, सत्तराम तिहिं ठांई ॥16॥

❖ ❖ ❖

भेस लियो पै भेद न जान्यो,अम्रत लेइ विसै सो सान्यों[3]।
काम-क्रोध में जनम गवांयो, साध संगति मिलि राम न गायो।
तिलक दियो पै तपनि न जाई, माला पहिर घनेरी लाई।
कह रैदास मरम जु पाऊँ, देव निरंजन सत करि ध्याऊं ॥17॥

❖ ❖ ❖

---

1. अलक्ष्य, ब्रह्म 2. उदासीन 3. सान लिया, भिगो लिया

मन मेरो! सत्त सरूप विचार।

आदि अंत अनंत परम पद, संसा[1] सकल निवार[2]।

जानत जानत जान रहयो सब, मरम कहो निज कैसा।

जस हरि कहिये तस[3] हरि नांही, है अस जस कछु तैसा।

कहत आंन[4] अनुभवत आन, रस मिले न बेगर होई।

आदिहु[5] एक अंत पुनि सोई, मध्य उपाधि जू कैसे।

अहै एक पै भ्रम सूं दूजो, कनक अलंकृत जैसे।

कह रैदास परकास परम पद, क्या जप तप विधि पूजा।

एक अनेक, अनेक एक हरि, कहौ कौन विधि दूजा ॥18॥

❖ ❖ ❖

माधो भ्रम कैसे न बिलाइ[6] तातै[7] द्वैत[8] दरसै आइ।

कनक कुंडल सूत पट जुदा, रजु भुअंग[9] भ्रम जैसा।

जल तरंग, पाहन प्रतिमा ज्यौं, ब्रह्म जीव दुति ऐसा।

विमल एक रस उपजे न बिनसे, उदय अस्त दोउ मांही।

बिगता बिगत[10] घटै नहिं कबहूँ, बसत बसे सब मांही।

निहचल[11] निराकार अज अनुपम, निरभै गति गोबिन्दा।

अगम अगोचर अच्छर अतरक,[12] निरगुन अति आनंदा।

सदा अतीत ग्यांन धन वरजित, निरविकार अविनासी।

कह रैदास सहज सुन्न सति, जीवन मुकति निधि कासी ॥19॥

❖ ❖ ❖

---

1. संशय 2. निवारण करो 3. वैसा 4. अन्य 5. आदि से 6. विलीन, ख़त्म 7. उससे 8. दो
9. रस्सी–साँप 10. विगत, अतीत 11. निश्चल, स्थिर 12. तर्कातीत

राम जन[1] हूँ भगत कहावऊँ सेवा करूं न दासा।
जोग जग्य गुन कछ न जांनू, ताते रहूं उदासा।
भगत हुआ तैं चढ़ै बड़ाई,[2] जोग करूं जग मानै।
गुं हुआ तैं गुनी जन कहै, गुनी आपकूं आनै।
ना मैं ममता मोह न महिमा ये सब जांहि बिलाई[3]।
दोजख[4] भिस्त दोऊ समकरि जांनू, दुहूं ते तरक है भाई।
में तैं ममिता देखि सकल जग, मैं से मूल गंवाई।
जब मन ममिता एक-एक मन, तबहिं एक है भाई।
क्रिस्न करीम राम हरि राघव, जब लगि एक न पेखा।
वेद कतेब कुरान पुराननि सहज एक नहिं देखा।
जोइ जोइ पूजि सोइ सोइ कांची, सहजभाव सति होई।
कह रैदास मैं ताहि को पूजूं, जाके ठांव नांव नहिं कोई ॥20॥

❖ ❖ ❖

राम मैं पूजा कहां चढ़ाऊं, फल अरु फूल अनूप न पाऊं।
थनहर[5] दूध जो बछरु[6] जुठारी, पहुप भंवर जल मीन बिगारी[7]।
मलयागिरी बोधियो भुअंगा,[8] विख अम्रित दोऊ एकै संगा।
मन ही पूजा, मन ही धूप, मन ही सेऊं सहज सरूप।
पूजा अरचा न जांनू तोरी, कह रैदास कवन गति मोरी ॥21॥

❖ ❖ ❖

---

1. भक्त 2. यश, महिमा 3. विलीन 4. नरक 5. स्तनों 6. बछड़ा 7. बिगाड़ दिया, भ्रष्ट कर दिया
8. साँप

रे मन ! चेत मीचु[1] दिन आया, तो जग जालन भया पराया।

कानि सुनै, न नजरि दीसै, जीहा[2] थिरु न रहाई।

मुंड[3] रु तन थर-थर कंपई, अंतहु बिरियाँ[4] पहुँचौ आई।

केसी[5] सेतह[6] पिंकु भये सबु, तन मन बल बिलमाया।

मध्यान[7] गयौ जुरा चलि आई, अजहूँ जग रह्यौ भरमाया।

पानी गयो पलु छीजै काया, यहु तन जरा[8] जराना।

पांचौ[9] थाके जरा जरु सानै, तौ रामह मरमु न जाना॥

हंस पंखेरु चंचलु माई, समुझि पेखि मन मांहि।

प्रतिपलु मीचु गरासै[10] देही, फुनि[11] रैदास चेतहुं नांहि॥22॥

❖ ❖ ❖

प्रभु जी तुम चंदन हम पानी

अब कैसे छूटै राम रट लागी।

प्रभु जी तुम चंदन हम पानी, जाकी अंग-अंग बास[12] समानी।

प्रभु जी तुम घन[13] बन, हम मोरा, जैसे चितवत चंद चकोरा।

प्रभु जी तुम दीपक, हम बाती, जाकी जोति बरै[14] दिन राती।

प्रभु जी तुम मोती, हम धागा, जैसे सोने मिलत सुहागा।

प्रभु जी तुम स्वामी हम दासा, ऐसी भगति करै रैदासा॥1॥

❖ ❖ ❖

---

1. मृत्यु 2. जीभ 3. मुँह 4. समय 5. केश 6. सफ़ेद 7. मध्याह्न, यौवन 8. बुढ़ापा 9. पंचेन्द्रियाँ
10. काटती है 11. पुन: 12. गंध 13. बादल 14. जलती है

अविगति नाथ निरंजन देवा, मैं क्या जानूं तुम्हारी सेवा।
बांधू न बधन छाउं न छाया, तुमहि सेऊं निरंजन राया।
चरन पतारि[1] सीस असमाना, सो ठाकुर कस संपुट समाना।
सिव सनकादिक अंत न पाया, खोजत ब्रह्मा जनम गंवाया।
तोरौ न पाती, पूजौं न देवा, सहज समाधि करौं हरि सेवा।
नख प्रसेद[2] जाके सुरसरि धारा, रोमावली अठारह भारा।
चारि वेद जिहि सुमिरत सासा, भगति हेतु गाव रैदासा॥2॥

आगे मंदा है रहना, परकिरति न जाई।
कुकर[3] चौकी चहौडियै,[4] फिरि वहे सुभाई॥
सुरसरि मैं जु सुरा पर्यो, को करे न विचारं।
राम-नाम हिरदे बसै, सब सुख निधि सारं॥
कहे 'रैदास' सुनि केसवे, अंतहकरन विचार।
तुम्हरी भगति के कारने, फिरि है‍हों चमार॥3॥

---

1. पाताल 2. प्रस्वेद, पसीना 3. कुत्ता 4. मानिये

आजु दिवस लेऊं बलिहारा,

मेरे ग्रिह[1] आये राजा, रामजी का पियारा।

आंगन बगड़[2] भवन भयौ पावन, हरिजन बैठे हरिजस गावन।

करों डंडौत[3] अरु चरन पखारौं, तन-मन-धन उन ऊपरि वारौं।

कथा कहैं अरु अरथ विचारैं, आप तिरैं औरनि को तारैं[4]।

कहैं रैदास, मिलें निज दास, जनम जनम के काटै पांस[5]॥4॥

❖ ❖ ❖

आयो हो आयो देव तुम सरना, जानि क्रिपा कीजे अपनो जना[6]।

त्रिविध जोनि[7] बास, जम को अगम त्रास, तुम्हरे भजन विन भ्रमत फिरौं।

ममता अहं विसै मदमातौं, यह दुख कबहु न दुतरि[8] तिरौ।

तुम्हे नांव विसास, छाड़ि आन आस। संसार धरम मेरो मन न धरिजै[9]।

रैदास दास की सेवा मानि हो देवाधिदेव पति पावन नाम परगट कीजै॥5॥

❖ ❖ ❖

---

1. ग्रिह, घर 2. मकान के सामने या अंदर पड़ा खुला मैदान 3. दंडवत प्रणाम 4. उद्धार करें
5. बंधन 6. भक्त, दास 7. योनि 8. कठिन 9. धारण करता है

इहै अंदेसौ[1] राम राइ रैनि दिन मोरे, निस बासुर गुन गांऊ तोरे।

तुम च्यंतत मेरी च्यंता ही न जांही, तुम च्यंतामनि होहु कि नांही॥

भगति हेत तुम कहा-कहा नहीं कीन्हा, हमरी बेर[2] भए बल हीना।

कहै 'रैदास' दास अपराधी, जो तुम द्रवौ[3] मैं भगति न साधी॥6॥

ऐसी लाज तुझ बिनु कौन करै।

गरीब निवाजु[4] गुसाइयां, मेरा माथे छत्रु धरै।

जाकी जोति जगत कउ लागै, ता पर तुहीं ढरे।

नीचहं ऊँच करै, मेरा गोबिंदु, काहू तैं न डरै॥

नामदेव, कबीरु, त्रिलोचनु, सधना, सेनु, तरै।

कह 'रैदास' सुनहु रे संतहु, हरि जीउ तैं सभै सरै[5] ॥7॥

---

1. आशंका, दु:ख 2. बारी, समय 3. द्रवित होओ, कृपा करो 4. कृपा करने वाला 5. निर्वाह होता है

ऐसी जिन[1] करि हो महाराज।

दूर मांही[2] तुम बइठै देखो, बिगरत हैं यौं काज॥

द्रोपत सुता[3] की तुम कौ देखत, खैंच लई सब लाज।

बरस सहस दस जुध करायो, जुगल उधारण राज॥

प्रहलाद भगति कौ छिनि-छिनि तारों, बोहोरि सुधारै काज।

बाल सखाजल मांहि डुबोये, तार्ये बिनि हीं जिहाज[4]॥

उन भगतन को छिनि-छिनि तार्ये, ज्यूं तार्ये त्यूं साज।

काच कथीर[5] पतित हमरो हो, नैनन देखो आज॥

खल हल कासी लोग बहु आये, देखन भगति समाज।

विरद तजौ के विरद संभारो, कहै 'रैदास' चमराज॥8॥

❖   ❖   ❖

कहा भइयों जउ तनु भइओ छिनु, छिनु प्रेम जाई तउ डरपै तेरी जनु।

तुझहि चरन अरबिंद भवन मनु, पान करत पाइओ रामइआ धनु॥

संपति बिपति पटल माइआ[6] धनु, ता महि मगन होत न तेरो जनु[7]।

प्रेम की जेवरी[8] बांधियो तेरो जनु, कहि 'रविदास' छूटिबौ कवन गुन॥9॥

❖   ❖   ❖

---

1. मत 2. मुझे 3. बेटी 4. जहाज़ 5. जस्ता, एक सस्ती धातु जिससे बर्तनों पर कलई की जाती है 6. माया 7. भक्त 8. रस्सी

कान्हां हो जगजीवन मोरा।

तूं न बिसारिय राम मैं जन तोरा॥

संकटु सोच पोच दिन राती, कर्म कठिन मेरी जाति कुभांती[1]।

हरउ भावै करउ कुभाव, चरनन छोड़ूं जाइ सुभाव।

कहै रैदास कछु देउ अवलंबन,[2] बेगि मिलौ जिनि करउ बिलंबन[3] ॥10॥

❖ ❖ ❖

गोविन्दे भवजल व्याधि अपारा, तामे सूझे वार न पारा।

अगम गेह दूर दुरंतर[4] बोलि भरोसौ दीजै।

तेरी भगति संत आरोहन, मोहिं चढ़ाव न लेहूं।

लोह की नांव पखानन[5] बोझी, सुक्रित[6] भाव विहीना।

लोभ तरंग मोह भयो काला, मीन भयो मन लीना।

दीनानाथ सुनहूं मम[7] बिनती, कवने हेतु बिलंब करीजै।

रैदास दास संत चरननहि मोहिं अवलंबन दीजै॥11॥

❖ ❖ ❖

---

1. ख़राब प्रकार की 2. सहारा 3. देर 4. बहुत दूर 5. पत्थर 6. सद्कृत्य 7. मेरी

चित सिमरन करौं, नैन अवलोकनो,[1] स्रवन[2] बानी सुजसु[3] पूरि राखौं।
मनु सु मधुकरु[4] करौ चरन हिरदे धरौ, रसन अम्रित राम नाम भाखौं[5]।
मेरी प्रीति गोबिन्द से जनि घटै, मैं तो मोलि महंगी लई जीव सटै।
साध संगति बिना भाव नहिं ऊपजै, भाव बिन भगति नहिं होय तेरी।
कहै 'रैदास' एक बेनती हरि सिउं, पैज[6] राखहुँ राजा राम! मेरी ॥12॥

❖ ❖ ❖

जउ हम बांधे मोह फांस, हम प्रेम बंधानि[7] तुम बांधें।
अपने छुटन को जतनु करहु, हम छुटे तुम आराधे॥
माधवे, जानत हु जैसी तैसी, अब कहा करहुगे ऐसों।
मीनु पकरि फांकिओ अरु काटिओ, रांधि[8] कीओ बहु बानी॥
खण्ड खण्ड करि भोजनु कीनी, तऊ न बिसरिओ पानी।
आपन बापे नाहीं किसी को, भावन को हरि राना।
मोह पटलु स्रमु जगतु बिआपिओ,[9] भगत नहीं संतापां[10]।
कहि 'रैदास', भगति इक बाढ़ी, अब इह कासिउं[11] कहीए।
जा करनी हम तुम आराधे, सो दुखु आजहु सहीए ॥13॥

❖ ❖ ❖

---

1. देखता हूँ 2. कान 3. सुयश 4. भ्रमर 5. कहता हूँ 6. कृपा, लज्जा 7. बंधन में 8. पकाकर
9. व्याप्त हुआ 10. संताप, कष्ट 11. कैसे

जन कूं तारि तारि नाथ रमइया, कठिन फंद पर्‌यो पंच[1] जगइया[2]।
तुम बिनु सकल देव मुनि ढूंढूं, कहूं न पायो जम पास[3] छुड़इया।
हमसे दीन, दयाल न तुम सम, चरन सरन रैदास चमइया[4] ॥14॥

❖ ❖ ❖

जउपै[5] हम न पाप करंता, अहै अनंता।
पतित पावन तेरो बिड़द[6] क्यूं हुंता।
तोहीं मोहीं, मोहीं–तोहीं, अंतरु कैसा।
कनक कटिक जल तरंग जैसा।
तुम्ह जु नाइक आछहु अंतरजामी,
प्रभु ते जनु जानीजै, जन तें सुआंमी[7]।
सरीस आराधै, मोंकऊं बिचारु देहू।
'रैदास' समदल समझावै कोऊ ॥15॥

❖ ❖ ❖

---

1. पंचेन्द्रियाँ 2. जगत में 3. बंधन 4. चमार 5. जो यदि 6. यश 7. स्वामी

जल की भीति[1] पवन का थंभा,[2] रकत बूंद का गारा।
हाड़ मांस नाड़ी को पिंजरु,[3] पंखी बसे विचारा॥
प्रानी किआ मेरा, किआ तेरा, जैसे तरवर पंखी बसेरा।
राखहु कंध उसारहु[4] नीवां, साढ़े तीनि हाथ तेरी सींवां[5]॥
बंके लाल पाग[6] सिर ढेरी, इहु तनु होइगो भसम की ढेरी।
ऊँचे मंदर[7] सुंदर नारी, राम नाम बिनु बाजी हारी॥
मेरी जाति कमीनी, पांति कमीनी, ओछा जनमु हमारा।
तुम सरनागति राजा रामचंद, कहि 'रैदास' चमारा॥16॥

❖ ❖ ❖

जा कौ हरि जू आपु निबाजत,[8] तिहि त्रिविध ताप[9] नहीं बाधै।
जम कौ दूत छांड़ि करि भाजै, सांचा हरि किंधु न अराधै।
निसचर जात रिप[10] बंधु बभीषन, अभै[11] देहि सरन मंह राखै।
कनक कसिपह कुबुध पोखि प्रभ, खम्भ फारि प्रहलादहु राखै।
ध्रुव कूं अटलु पद हरि दीन्हौं, भगत सिरोमनि नांम धरावै।
खटरस भोज सुयोधन, दास विदुर को मान बढ़ावें।
गज कू फंद[12] छुड़ावै छिन मंह, रामु नामु इकु बार उचारै।
जन रैदास प्रभु सरनाई, उनमनि[13] रह राम उर धारै॥17॥

❖ ❖ ❖

---

1. दीवार 2. स्तम्भ 3. अस्थि-पंजर 4. उठाता है 5.सीमा 6. पगड़ी 7. घर 8. कृपा करते हैं
9. तीन प्रकार के ताप–दैहिक, भौतिक और दैविक 10. रिपु, शत्रु 11. अभय 12. बंधन
13. हठयोग की पाँच अवस्थाओं में से एक

जा पै दीनानाथु ढरै[1]।
दीनबंधु करुनामै स्वांमी औगन[2] चित न धरै।
निसंचर[3] फुनि बंधु बभीषन, तिहु सिर छत्र धरै।
बन बेरि–बेरि भखै[4] भीलनी कै, लछिमन पेखि प्रजरै॥
दरिद[5] सुदामा कियहु आपु सम, नैनन नीर ढरै।
कहि 'रैदास' क्रिस्न करनामैं, नाम लेत उबरै॥18॥

❖ ❖ ❖

जो जन ऊधौ! मोहि न बिसारे, हौं न बिसारीं आध घरीं।
जइसे आंडें[6] पड़इ भारथ[7] मंह, ले गज घंट उतार धरीं।
तइसे राखौं आपन सेवक कूं, विसियन[8] व्याधि अभै[9] करीं।
जौ मुंहि भजै, भजऊँ मैं ताकूं, हरि सिमरन तैं पारी परी।
कहै 'रैदास' साध संगति मिलि, राम भजै तो बिपति टरीं॥19॥

❖ ❖ ❖

---

1. कृपा करते हैं 2. अवगुण 3. राक्षस, निशाचर 4. खाते हैं 5. दरिद्र, ग़रीब 6. बाधा बनकर
7. महाभारत 8. विषयों की 9. अभय

जो मोहि वेदन का सनि आखौं,[1] हरि बिन जीवन कैसे करि राखौं ।
जीव तरसे इक दंगि बसेरा, करहु संभाल तुम सिरजन मेरा ।
बिरह तपै तन अधिक जरावै, नींदड़ी न आवै, भोजन नहीं भावै ।
सखी सहेली गरब गहेली,[2] पीउ की बात न सुनहु सहेली ।
मैं रे दुहगिनि[3] अधि कर जांनी, गयौ सु जोबन साध न मांनीं ।
तू दानां सोई साहिब मेरा, खिजमतिगार[4] बदा मैं तेरा ।
कहं 'रैदास' अंदेसा ये ही, बिन दरसन क्यों जीवै सनेही ॥20॥

❖   ❖   ❖

त्राहि[5] त्राहि त्रिभुवन पति पावन अतिसय सूल सकल बलि जावन[6] ।
काम क्रोध लंपट मन मोरा, कैसे भजन करौ मैं तोरा ।
विसम विसाद बिहंडनकारी,[7] असरन सरन सरनि भौ हारी ।
देव देव दरबार दुआरै, राम-राम 'रैदास' पुकारै ॥21॥

❖   ❖   ❖

---

1. कहते हो 2. पगली 3. परित्यक्ता (जिसको पति ने दूसरी स्त्री के लिए छोड़ दिया हो)
4. ख़िदमतगार 5. रक्षा करो 6. जाने वाला 7. विखंडनकारी

तुझ चरनारविंद भंवरमन[1] पान करत पायौ रामधन।
संपति विपति पटल मायाधन, तामें[2] मगन होत तेरो जन।
कहा गयो जे गत तन छन, प्रेम जाइ तो डरौ तेरो जन।
प्रेम रज[3] लौ राखु हिदै धरि, कह रैदास छुटिबौ कवन परिजन ॥22॥

तुम चंदन हम अरंड[4] बापुरो, संग तुमारे बासा।
नीच रूख[5] तैं ऊँच भये हैं, गंध सुगंध निवासा
माधव सत संगति सरनि तुमारी, हम अवगुन तुम उपकारी।
तुम मखतूल[6] सुपेद[7] सपीअल, हम बपुरे जस कीरा।
सतसंगति मिलि रहिए माधव जैसे मधुप मखीरा।
जाती ओछी, पाती ओछी, ओछा जनमु हमारा
राजा राम की सेवन कीन्हीं, कहि रैदास चमारा ॥23॥

---

1. भ्रमर रूपी मन 2. उसमें 3. धूलि 4. एक वृक्ष का नाम 5. वृक्ष 6. काला रेशम 7. सफ़ेद

तुझहि सुझंता[1] कछू नाहिं पहिरावा, देखे उभि[2] जांहिं।

गरबबती[3] का नाहीं ठाऊं, तेरी गरदनि ऊपरि लवै काऊं।

तू काइ गरबहि[4] बावली[5]।

जैसे भादउ खूंब राजुतु, तिस ते खरी उतावली॥

जैसे कुरंग[6] नहीं पाइओ, भेदु तनि[7] सुगंध ढूंढै प्रदेसु।

अपतन का जो करे बीचारु, तिस नहीं जम कंकरुं करै खुआरू॥

पुत्र कलत्र[8] का करहि अहंकारु, ठाकरु लेखा मंगन हारू।

फेड़े का दुखु सहै जीउ पाछे किसहि पुकारहि पीउ पीउ॥

साधू को जउ लेहि ओट,[9] तेरे मिटहिं पाप सभ कोटि कोटि।

कहि 'रैदास' जो जपै नामु, तिसु जाति न जनमु न जोनि[10] काम ॥24॥

❖   ❖   ❖

तुम्ह करह क्रिपा मुहि[11] सांई।

स्वांस-स्वांस तुझ नाम संभारउ,[12] तुम्हहि भेंटि ममु[13] मन हरसाई।

तुमहु दयाल क्रिपाल करुनानिध, तुम्हहि दीन बंधु रघुराई॥

तुम्हरी सरन रहौं निस बासर, भरमत फिरी न हौं हरिराई।

तुम्हरी अनुकम्प मान मदु[14] छूटे, राम रसाइन अम्रितु पाई।

ऐसो बुध[15] जाचिंहु करुनामैं, तुझ[16] चरन तजि कितहु न जाई।

चरन सरन 'रैदास' रावरी,[17] आपनो जान लेहु उर लाई॥25॥

❖   ❖   ❖

---

1. सूझता है 2. खड़ी हुई 3. गर्भवती 4. गर्व करती है 5. पगली 6. हिरण 7. शरीर का 8. स्त्री
9. सहारा 10. योनि 11. मुझ पर 12. स्मरण करता हूँ 13. मेरा 14. मद 15. बुद्धिमान 16. तेरी
17. आपकी

तेरी चरनी सरनी परऊ रामु राजा,

बड़ो उपकारी क्रिपाल क्रिपा निधि सगल[1] संसार के करहि काजा।

असुर हरनाकस क्रोध ऐसे किओ, प्रहलाद मारिबै कौ कियौ साजा[2]।

भगत हेतु आंपि हरि प्रगटिओ, होइ निरंकार नरसिंह गाजा[3]।

करनु दुरजोधनि दुसासन कपटु कूं, कैसौ उधरि[4] कियौ सब काजा।

सभी के बीच अराधिओ[5] द्रोंपती, बढौ पट चीर जग रखि लाजा।

पतित उधारनि निज जन तारना, ऐहु नाम कौ बाजिबो बाजा।

कहि 'रैदास' विस्वास मनि ऐही, सरनि आवै तोरि सोई निवाजा ॥26॥

❖ ❖ ❖

धनहरि भक्ति त्रयलोक[6] जस पावनी[7]।

करौं सतसंग इहिं विमल जस गावनीं

वेद तैं पुरान, पुरान तैं भागवत, भागवत तैं भक्ति प्रगट कीनीं।

भक्ति है प्रेम, प्रेम है लच्छना,[8] बिना सतसंग नहिं जाति चीनी।

गंगा पाप हरे सीस ताप, अरु कलप तरु[9] दीनता दरि खोवै।

चाप अरु ताप सब तुच्छ मति दूरि करि, अमी की द्रिस्टि जब संत जोवै।

विस्नु भक्त जितैं चित पर धरति, ते मन बच काम करि विस्खासा।

संत धरनी धरी, कीर्ति जग विस्तरी, प्रनत जन चरन रैदास दासा ॥27॥

❖ ❖ ❖

---

1. सकल 2. उपाय 3. गर्जना की 4. उद्धार 5. आराधना की 6. तीनों लोक 7. पवित्र 8. लक्षण
9. कल्पतरु

धिग्गु[1] धिग्गु जीवनु राजे राम बिना।

देहि नैन बिनु, चंद रैन बिनां, ज्यूं मीनां गहरु जलै बिना।

हसती[2] सुंड बिनु, पंखी पंख बिनु, जइ सोइ मन्दिर दीप बिना।

बेसवा[3] कूं सुत काकौ कहिए, तैसोइ भगत तन राम बिना॥

जइसे ब्राह्मन बेद बिहीनां, तैसोइ प्रानी तुझ नाम बिना।

मंत्र सुरति[4] बिनु, नारी कंत बिनु, जइसोइ धरती इन्द्र बिना।

ज्यूं व्रिच्छ[5] फलहिं बिहूनां, त्यों प्रानी तुझ प्रेम बिना।

काम क्रोध हंकार[6] निवारउ, त्रिस्ना त्यागहु संत जना।

कहि 'रैदास' भइ सीतल काया, ज्यों हौं लागौं गुरु चरना॥28॥

❖ ❖ ❖

नरहरि! चंचल है मति मोरी, केसे भगति करूँ मैं तोरी।

तू मोहिं देखे, हौं तोहिं देखूं प्रीति परसपर होई।

तू मोहिं देखे, हौं तोहि न देखूँ, इह मति सब बुधि[7] खोई।

सब घटि[8] अंतरि रमसि[9] निरंतरि, हौं देखत हूं नहीं जाना।

गुन सब तोर, मोर सब औगुन, क्रित[10] उपकार न माना।

मैं तैं तोरि मोरि असमंझसि[11] सों कैसे करि निसतारा[12]।

कह 'रैदास' क्रिस्न करुनामैं, जै जै जगत अधारा॥29॥

❖ ❖ ❖

---

1. धिक्कार है 2. हाथी 3. वेश्या 4. प्रेम 5. वृक्ष 6. अहंकार 7. बुद्धि 8. आत्मा 9. रमण करता है, रहता है 10. कृत्य 11. दुविधा 12. निस्तारण

नरहरि प्रगटसि ना हो, प्रगटसि ना हो, दीनानाथ दयाल।

जनमेऊं तौ ही ते बिगरान,[1] हौं कछु बूझंत बहुरि सयान।

परिवार विमुख मोहि लागै, कछु समुझि परैं नहिं जागै।

यहु भौ विदेस कलिकाल, अहौ मैं आई परयो जमजाल[2]।

कबहुँक तोर भरोस, जो मैं न कहूँ तो मोरा दोस।

अस कहियत हूँ मैं अजान, अहो प्रभु तुम सरबग्य सयान[3]।

सुत सेवग[4] सदा असोच, ठाकुर पितहिं सब सोच।

रैदास बिनवै[5] कर जोरि, अहो स्वामि तुम मोहि न खोरि।

सु तौ पुरबला[6] अकरम मोर, बलि जाऊं करौं जिन कोर॥30॥

प्रभु जी संगति सरनिं तिहारी।

जगजीवन राम मुरारी।

गली-गली को जलबहि आयो, सुरसरि[7] जाय समायो।

संगति के परताप महातम, नाम गंगोदक[8] पायो।

स्वांति बूंद बरषै फनि[9] ऊपर, सीस विषै विष होई।

वाही बूंद को मोति उपजै, संगति की अधिकाई।

तुम चंदन हम रेंड़[10] बापुरे,[11] निकट तुम्हारे बासा।

संगत के परताप महातम, आवै बास सुबासा।

जाति भी ओछी, करम भी ओछा, ओछा कसब[12] हमारा।

नीचें ते प्रभु ऊंच कियो है, कह रैदास चमारा॥31॥

---

1. बिगाड़, नुक़सान 2. यम का जाल 3. चतुर 4. सेवक 5. प्रार्थना करता है 6. पूर्वजन्म के
7. गंगा 8. गंगा जल 9. साँप 10. अरंड का पेड़ 11. बेचारे 12. व्यवसाय, धंधा

पावन जस माधो तोरा,

तुम दारुन अघ[1] मोचन[2] मोरा।

कीरति तेरी पाप बिनासै,[3] लोक वेद यों गावै।

जो हम पाप करत नहिं भूधर, तौ तूं कहा नसावै।

जब लगि अंग-पंक[4] नहिं परसैं, तौ जल कहाँ पखारै।

मन मलीन विषया रस लंपट, तौ हरि नांव संभारै[5]।

जो हम विमल हृदय चित अंतर, दोष कवन परिधरिहौं[6]।

कह रैदास प्रभु तुम दयाल हौ, बंध मुक्ति कब करिहौं॥32॥

❖   ❖   ❖

माधौ! मुहिं[7] इकु सहारौ तोरा।

तुम्हहिं मात पित प्रभ मेरो, हौं मसकीन[8] अति भोरा[9]।

तुम जउ तजी, कवन मोहिं राखे, सहिहै कौनु निहोरा।

बाहाडंबर हौं कबहुँ न जान्यो, तुम चरनन चित मोरा।

अगुन सगुन[10] दौ समकरि जान्यौ, चहुँ[11] दिस दरसन तोरा।

पारस मनि मुहिं रतु[12] नहिं भावै, जग जंजार न थोरा।

कहि 'रैदास' तजि सभ त्रिस्ना, इकु राम चरन चित मोरा॥33॥

❖   ❖   ❖

---

1. पाप 2. ख़त्म करना 3. नष्ट करता है 4. कीचड़ 5. स्मरण करता है 6. रखते हैं, देते हैं 7. मुझे
8. विनम्र 9. भोला 10. निर्गुण-सगुण 11. चारों 12. रत्ती (मात्रा)

माधो अविद्या हित कीन्ह,
ताते मैं तोर नाम न लीन्ह।
म्रिग[1] मीन[2] भिंग[3] पतंग, कुंज एक दोस विनास।
पंच व्याधि असाधि[4] यह तन, कौन ताकी आस।
जल थल जीव, जहां तहां लौं, करम बा[5] संग जाइ।
मोह पास[6] असाध बाधा, करिये कौन उपाई।
त्रिगुन जोनि अचेत भ्रम भरमे, पाप पुन्न असोच।
मानवा औतार[7] दुरलभ, तिहुं संगति पोच।
रैदास दास उदास तजि भ्रम, तपन तपु गुरु ग्यांन।
भगत जन भव हरन, परमानन्द करहु निदान ॥34॥

❖ ❖ ❖

मेरी संगति पोच[8]-सोच दिनराती,
मेरा करम कुटिलता जनम कुभांती[9]।
राम गुसइयां, जीउ के जीवना,
मोहिं न बिसारेहु, मैं जनु तेरां
मेरी हरहु[10] बिपति जन करहु सुभाई,
चरन न छाड़हुं सरीर कल जाई।
कह रैदास परलु तेरी सामा,[11]
बेगि मिलहु जनि करि बिलामा ॥35॥

❖ ❖ ❖

---

1. मृग, हिरण 2. मछली 3. भ्रमर 4. असाध्य 5. उसके 6. बंधन 7. अवतार 8. सोच 9. निम्न कोटि का 10. हरण करो 11. सम्मुख

मैं बेदीन[1] कासनि आंखूं, हरि बिनु जीवन कैसे राखूं।
जिव तरसे इक गंग बसेरा, करहु संभालन सुर मुनि मेरा।
विरह तपै तन अधिक जरावै,[2] नींद न आवै भोज न भावै।
सखी सहेली, गरब गहेली,[3] पीउ की बात न सुनहु सहेली।
मैं रे दुहागिनि अघ[4] कर जानी, गया सो जोबन साध न मानी।
तू साईं और साहिब मेरा, खिदमतगार बंदा मैं तेरा।
कह रैदास अंदेसा येही, बिन दरसन क्यों जीवहि सनेही ॥36॥

❖ ❖ ❖

यह अंदेस[5] सोच जिय मेरे, निसि-वासर गुन गांऊ तेरे।
तुम चिंतत मेरी चिंतहु जाई, तुम चिंतामनि हौं इक नाई।
भगत हेत का[6] का नहिं कीन्हां, हमरी बेर[7] भये बल हीना।
कह रैदास दास अपराधी, जेहि तुम द्रवहु सो भगति न साधी[8] ॥37॥

❖ ❖ ❖

---

1. धर्मरहित 2. जलाता है 3. पागल 4. पाप 5. अंदेशा, आशंका, दु:ख 6. क्या 7. समय
8. साधना की

राम के चरणारबिंद सिव समाध लागी।
सिव समाध लागी, कोई जाणत बड़भागीं[1]।
रहत नगंन[2] फिरत मगन, संकर बैरागी।
औरां कूं दान देत, आप रहत त्यागी।
जटा सीस बड़ौ ईस, संगि गबर बाला।
अंतर में ध्यान धरे, संकट मतवाला।
तीन नैन अमृत बैन, सीस गंग धारीं।
कोटि कलप अलप[3] ध्यांन प्रेम मंगलकारीं।
जैसे महेस बिकटि भेस, अजहूं चरन आसा।
हौं तोहि किम छांडूं, प्रभु गावै रैदासा॥38॥

❖ ❖ ❖

लज्या मोरि राखो श्याम हरी।
हरि हरि क्रिपा उत्तरै द्रोपति, बिलमु[4] न करो हरी।
कीनी करनु दुसासन मोसों, गहि केसन[5] पकुरी।
पापी सभी दुस्ट दुरजोधन, चाहत नगन[6] करी।
ना सुत भ्राति[7] न मीत कूटुंबहि, एको ओट[8] तुमरी।
अरजन[9] भीम महाबलि जोधे,[10] तिन सों किछु न सरी।
बसन[11] प्रवाहित किओ करुनानिधि, तबहिं धीर धरी।
कहि 'रैदास' सिंह सरनागति, स्याल की कहा डरी॥39॥

❖ ❖ ❖

---

1. बड़े भाग्यवाला, सौभाग्यवान 2. नग्न 3. अल्प, थोड़ा 4. विलंब, देर 5. केशों से 6. नग्न
7. भ्राता 8. सहारा 9. अर्जुन 10. योद्धा 11. वस्त्र

सोइ उबरो जिहिं आपु निवाजत[1]।

तारक ध्रुव कूं अंक राखि हरि, खंभ फारि प्रहलाद उबारत।

त्रास[2] दई लंकेस अनुज कहं, सरनि राखि प्रभ अभय उचारत।

खटरस सजिअ सुजोधन के, हरि दास विदुर की मान बढ़ावत।

सबरी गीध अजामिल सदा, राम किरपा, गनका तरि जावत।

कवन कवन पापी जन तरिओ, कहि रैदास गनइ[3] नहिं आवत ॥40॥

❖ ❖ ❖

हरि सुमिरे सोइ संत विचारौ।

अवरू[4] जनम बेकाम[5] राम बिन, कोटि जनम सौं उपरि वारौं।

हरिपद विमुख कुटिल मायारत, राम चरन चितहु न सानै।

जिन मन मानु हउमैं बसहिं, तिन जन संत कहौ किम मानै।

कपट ड्यंभ[6] पर निंदा बूड़ौ, संत जनम भौ किल विसकारी।

ज्यौं बरिसा[7] रुत बूंद उदधि मंह, आई मिल सोई जल खारी।

तापर संगि[8] सीप, स्वाति, नक्षत्र, मोति निपजत नीत तै न्यारौ।

कहि रैदास मोह मद त्यागौ, राम चरन मन संत विचारौ ॥41॥

---

1. कृपा करते हैं 2. कष्ट, यातना 3. गणना में 4. दूसरा 5. निरर्थक, व्यर्थ 6. दंभ, अभिमान
7. वर्षा 8. साथी

हम सरि[1] दीन, दयालु न तुमसरि अब पतिआई[2] कहा कीजै।
बचनी तोर मोर मन मानै, जन को पूरन दीजै।
हो बलि बलि जाउँ रमइया कारने, और कौन अबोल।
बहुत जनम बिछुरे थे माधव, इहु जनम तुम्हारे लेखे।
कहि रैदास आस लगि जीवौ, सिर भयो दरसन देखे।।42।।

❖   ❖   ❖

हौं बनिजारो राम को, हरि को टांडो[3] लादै जाई रे!।
राम नाम धन पायो, ताते सहज करौं व्यौपार रे।
औघट[4] घाट घनो घना रे, निरगुन बैल हमार रे।
राम नाम धन लाद्यो, ताथैं विख लादौं संसार रे।
अनतहि धन धर्यो, अनतहि[5] ढूंढन जाइ रे।
अनत को धरो न पाइये, ताथैं चाल्यो मूल गंवाइ रे।
रैनि गंवाई सोय करि, दिवस गवायौ खाइ रे।
हीरा यह तन पाइ करि, कौड़ी बदले जाइ रे।
साधु संगति पूंजी भई रे, वस्तु भई त्रिमोल रे।
सहजे बरधवा[6] लादि करि, चहुं दिसि टांडो डोल रे।
जैसा रंग कुसुंभ[7] का, तैसा यह संसार रे।
रमइया रंग मजीठ का, भने रै दास चमार रे।।43।।

❖   ❖   ❖

---

1. समान 2. विश्वास 3. भार, वज़न 4. कठिन, दुर्गम 5. अनंत का 6. बैल 7. पुष्प विशेष

किहि मन टेढ़ो-टेढ़ो जात

अब मैं हार्यो रे भाई।

थकित भयो सब हाल चाल तें, लोकन वेद बड़ाई॥

थकित भयो गायन अरु नाचन, थाकी[1] सेवा पूजा।

काम-क्रोध तें देह थकित भई, कहीं कहाँ लौ दूजा॥

राम जन होऊँ, नहिं भगत कहाऊँ, चरन पखारूं न देवा।

जोइ-जोइ करौं उलटि मोहिं बांधै, तातैं[2] निकट न भेवा॥

पहिले ग्यांन का किया चांदना, पाछै दीया बुझाई।

सुन सहज मैं दोऊ त्यागै, रांम न कहौ खुदाई॥

दूरि बसै खटकरम[3] सकल अरु, दूरिउ कीन्हे सेऊ[4]।

ग्यांन-ध्यान दूरि दोउ कीन्हें, दूरिउ छाड़े[5] तेऊ।

पाँचा[6] थकित भये हैं जहं-तहं, जहं-तहं थिति पाई।

जा कारनि मैं दौर्यो फिरतो, सो अब घट में आई॥

पांचों मेरी सखी सहेली, तिन निधि दई दिखाई।

अब मन फूलि भयौ जग महियां, आप में उलटि समाई।

चलत-चलत मेरो मन थाक्यो, मो पै चल्यो न जाई।

साईं सहज मिल्यो, सोई सनमुख, कह रैदास बताई॥1॥

❖ ❖ ❖

---

1. थक गयी है 2. उससे 3. प्रपंच, सांसारिक कर्म 4. सेवा 5. छोड़ दिया 6. पंचेन्द्रियाँ

ऐसोई[1] हरि क्यूं पाइबो, मन चंचलु रे भाई।

चपल भयो चहुंदिस धावइ,[2] राख्यौ न रहाई।

मैं मेरी छूटइ नहिं कबहुं, मैंमंता,[3] मदु बीध्यौ।

लोभ मोह मंह रह्यौ रु भलानौ,[4] निज विसया[5] रस रीझ्यौ।

काम लुबधु[6] को बसि पर्यौ, कुलकांनि छाडि़ बिकायौ ॥

छापा तिलक छपौ नहीं सोभइ जौं लो केसौ[7] नहिं गायो।

संजनि[8] रहयो न हरि हूं सिमरियौ, विरथा भ्रम्यौ रु[9] भ्रमायौ।

अनिक[10] कौतग[11] कला काछै कछै, बहुरि सांग[12] दिखावौं।

मूरिख आपन आपु समुझि नंह, औरनि का समुझावौं ॥

आस करै बैकुण्ठ गवन कउ, चलमन कभउ[13] न थिरायौ।

जौं लौं मन बीस नंह हूं तौ, तौं लगि सभु जुठरायौ ॥

कपट कीयां रीझइ नहिं केसौ, जगु करता नहिं कांचा।

कहि रैदास भजौ हरि माधो, सेवग[14] है मन सांचा ॥2॥

काहे मन मारन बन जाई, मन की मार कवन[15] सिधि पाई।

बन जाकरि इहि मनवा न मरहीं, मन को मारि कहहु कस तरहीं[16]।

मन मारन का गुन मन काहीं, मनु मूरख तिस जानत नाहीं।

पंच विकार[17] जौ इहि मन त्यागौं, तौं मन राम चरन महिं लागौ।

रिदै[18] राम सुध करम कमावऊ, तो 'रैदास' मधु सूदन पावऊ ॥3॥

---

1. ऐसे ही 2. दौड़ता है 3. हाथी 4. भूला हुआ 5. विषयों के 6. लुब्ध 7. केशव, ईश्वर
8. सज्जन 9. और 10. अनेक 11. कौतुक 12. स्वांग, नाटक 13. कभी भी 14. सेवक 15. कौन
16. तरेगा, उद्धार होगा 17. काम, क्रोध, मद, लोभ और अहंकार 18. हृदय

किहि विधि अब सुमिरो रे, अति दुरलभ दीन दयाल।

मैं महाविसयी अति आतुर, कामना की झाल।

कहा डिंभ[1] बाहरि कीयै, हरि कनक कसौटी हार।

बाहर भीतर साखि तूं, हौं कियौ संसा[2] अंधियार।

कहा भयौ बहु पाखंड कीयै, हरि हिरदे सपने न जान।

ज्यूं दारा[3] बिभचारिनी, मुख पतिव्रता जीय आन।

मैं हृदय हारि बैठ्यो हरि, मो पै सर्‌यौ न एकौ काज

भाव भगति रैदास रे, प्रतिपाल करि मोहिं आज॥4॥

किहि मन टेढ़ो-टेढ़ो जात।

जाकूं पेखि[4] बहु गरिवानो,[5] हाड़ मांसु कौ गात[6]।

थूक लार विस्टा कौ बेढ़ौ, अन्त धार है जात।

राम-नाम इक छिनु न सुमरियो, बिसियन[7] सूं बहुघात[8]।

ज्यूं खग पेखि दरपन मंह तन, कूं बेरि बेरि चूंझियात[9]।

अजहूँ[10] चेति गहु सिख मूरिख, जनम अकारथ जात।

जल-थल बाऊ[11] अगन कौ पुतरा, छिन मंहि होहि मसमात[12]।

कोटि जतन करि जोगि तपि हारे, निहचय हंसा उडि़ जात।

कहि 'रैदास' राम भज बावरे, बय[13] बीते पछितात॥5॥

---

1. दंभ 2. संशय 3. स्त्री 4. देखकर 5. गर्वित होता है 6. शरीर 7. विषयों से 8. धोखा 9. चूँ-चूँ
करता है 10. अब भी 11. वायु 12. राख, श्मशान 13. वय, उम्र

खटु करम कुल संजुगतु[1] है, हरि भगति हिरदै नांहि।
चरनारविंद न कथा भावै, सुपचि तूलि समान।
रे चित! चेति चेत अचेत, काहे न बालमीकहिं देखं
किसु जाति ते किंह पदहिं[2] अमरिओ, राम भगति विसेख।
सुआन[3] सत्रु अजातु सम ते, क्रिस्न लावै हेतु।
लोगु बपुरा[4] किया सराहै, तीनि लोक प्रवेस।
अजामलु पिंगला लुभतु कुंचरु,[5] गए हरि के पास।
जैसे दूरमति[6] निसतरे, तू किउ न तरहिं 'रैदास'॥6॥

❖ ❖ ❖

गुरु समु रहसि[7] अगमहि जानैं।
ढूढ़ै कोड खट सास्त्रन मंह, किंथु कोउ वेद बखानैं,
सांस उसांस[8] चढ़ावै बहु विध, बैठहिं सूंनि समाधी।
फाट्यो कामु भभूत तनु लाई, अनिल भरमत वैरागी।
तीरथ बरतु करइ बहुतेरे, कथा वस्त बहु सानै।
कहि 'रैदास' मिल्यो गुर पूरौ,[9] जिहि अंतर हरि मिलानै॥7॥

❖ ❖ ❖

---

1. संयुक्त 2. पद को 3. स्वान 4. बेचारा 5. कुंजर, हाथी 6. मूर्ख 7. रहस्य 8. उर्ध्व श्वास 9. पूर्ण

चल मनहरि चटसाल[1] पढ़ाऊं।

गुरु की साटि[2] ग्यांन का अच्छर, बिसरै तो सहज समाधि लगाऊं।

प्रेम की पाटी, सुरति की लेखनि, ररा-ममा[3] लिखि अंक दिखाऊं।

इहि विधि मुकत भए सनकादिक,[4] हृदय विचार प्रकास दिखाऊं।

कागद कवंल मति मसि करि निरमल, बिन रसना निस दिन गुन गाऊं।

कह रैदास राम भजु भाई, संत साखि[5] दे बहुरि न आऊं ॥8॥

❖ ❖ ❖

जनम अमोल[6] अकारथ जात रे।

सुमरन करौ कभउं नहिं हरि कौ, ज्यों लौ नहिं छरत गात रे॥

ऐ सबु संगी[7] दिवस च्यार के, धन दारा सुत पित मात रे।

बिछुरे मिलन बहुरि नह है्हों, ज्यौं तरवर छिन पात रे॥

तौ कैसे हरिनाम लेहुगे, गर[8] अटकै कफ-सिट बात रै।

काल कराल[9] भ्रमत फंदक जयूं, करत अचानौ[10] घात रे॥

चेतै नहिं अलपु मति मूरखि, छांडि अम्रित, विषु खात रे।

कहि 'रैदास' आस तज औरै,[11] स्री गोपालह रंग रांच रे ॥9॥

❖ ❖ ❖

---

1. पाठशाला 2. मारने की लकड़ी 3. राम 4. ब्रह्मा के चार पुत्र—सनक, सनन्दन, सनातन और सनत्कुमार 5. साक्षी 6. अमूल्य 7. मित्र 8. गले में 9. भयंकर 10. अचानक 11. दूसरे

जो तुम गोपालहिं नहिं गैहौ[1]।

तो तुमका सुख में दु:ख उपजै, सुखहि कहां ते पैहौं।

भूल्यो नाथ सकल जग डहक्यो,[2] झूठौ भेष बनैहौं।

झूठै ते सांच तब होइहो, हरि की सरन जब ऐहौ।

कनरस, बतरस और सबै रस, झूठहि मूड़[3] मुड़ैहौ।

जब लगि तेल दीया में बाती, फिर पाछे बुझ जैहौं।

जो जन राम नाम रंगराते, और रंग न सुहैहौ[4]।

कह रैदास भजौ रे क्रिपानिधि, प्रान गये पछितैहौ ॥10॥

❖ ❖ ❖

जो दिन आवहिं सो दिन जाहीं, करना कूंच,[5] रहनु थिरु[6] नाहीं।

संगु चलत हैं, हम भी चलना, दूरि गवनु सिर ऊपरि मरनां।

क्या तूं सोया जागु अयाना,[7] तें जीवन-जग सचु करि जाना।

जिनि दीया सु रिजकु[8] अंवरायै, सभ घट भीतरि हाटु[9] चलावैं।

करि बंदिगी छाड़ि मैं मेरा, हिरदै नामु सम्हारि सबेरा।

जनमु सिरानो,[10] पथु न संवारा, सांझ परी, हर दिसि अंधियारा।

कह 'रैदास' नदान दिवाने, चेतसि नाहि दुनियां फनखाने[11] ॥11॥

❖ ❖ ❖

---

1. पकड़ा 2. भुलावे में रहा 3. सिर 4. सुहायेगा 5. प्रस्थान 6. स्थिर 7. अज्ञानी 8. सम्पन्नता
9. बाज़ार 10. समाप्त हो गया 11. फ़न्ने खाँ, बहादुर, ताक़तवर

दुखियारा दुखियारा जग मंह, मन जप लै राम पियारा रे।
गढ़ कांचा[1] तस्कर[2] तिहं लागा, तूं काहै न जाग अभागा रे।
नैन उघारि न देखियो, तुझ मानुख जनम किह लेखा रे।
पाउं पसार किमि सोइ पर्यौ, तैं जनम अकारथ खोया रे।
जन रैदास राम नित भेंटहि, रहे संजम[3] जागति पहरा रे॥12॥

❖ ❖ ❖

देखि मूरिखता यहु मन की।
राम नांम कूं छांड़ि अधारौ,[4] गहि ओट छुद्र तिन की।
अभिअंतर रामु नहिं जान्यौ, छानहु[5] धूरि[6] बन बन की।
जा दिन इह हंसा उड़ि जइहैं, छोरि[7] ठठरिया[8] तन की।
धनु दारा[9] मंह रहहु लपटानो, आपहु नहिं सुधि वा छन की।
जन 'रैदास' तियागो जग आसा, लहहु ओट हरि चरनन की॥13॥

❖ ❖ ❖

---

1. कच्चा 2. चोर 3. संयम 4. सहारा, साधुओं की बाँह के नीचे सहारे के लिए लगाने की लकड़ी
5. छानता है 6. धूल 7. छोड़कर 8. ठठरी, अस्थिपंजर 9. स्त्री

पहिले पहर रैनि बनजारे, तैं जनम लीया संसार वे।
सेवा चुकौ रम[1] की बनजारे, तेरी बालक बुधि[2] गंवार वे।
बालक बुधि गंवार न चेत्यो, भूला माया जाल वे।
कहा होइ पाछे पछिताये, जल पहिले न बांधी पाल वे।
बीस बरस का भया अयाना,[3] थांमि न सक्या भाव वे।
जन रैदास कहे बनजारे, तैं जनम लिया संसार वे।
दूजे पहर रैन दे बनजारिया, तू निरखत चाल्या छांह वे।
हरि न दमोदर[4] ध्याइया, बनजारिया, तैं लेइ न सकया नांव वे।
नांव न लीया, औगुन कीया, इस जीवन के तान वे।
अपनी पराइ गिनी न कोई, मंद-करम कमान वे।
साहिब लेखा लेखी तूं भरिदेसी, भीर[5] परे तुझ तांह वे।
जन रैदास कहे बनजारिया, तूं निरखत चाल्या छांह वे।
तीजे पहर रैन दे बनजारिया, तरे दिल रै परै पिरांन वे।
काया रु[6] बानी का करै बनजरिया, घट भीतर बसे कुजान वे।
एक बसे कुजान काया[7] गढ़[8] भीतर, पहला जनम गवांय वे।
अबकी बेर न सुक्रित किया, बहुरि न यह गढ़ पाइ वे।
कंपि देह, काया गढ़ खीना,[9] फिरि लागा पछितांन वे।
जन रैदास कहै बनजारिया, तरे दिलरे परै पिरांन वे।
चौथे पहर रैनदे बनजारिया, तेरी कंपन लागी देह वे।
साहिब लेखा मांगिया, बनजारिया, तू छाड़ि पुरानी थेह वे।
छांड़ि पुरानी जिंद अयाना, बालदि[10] लंदि सवेरिया वे।
जमके आये बांधि चलाये, वारी पूगी तेरिया वे।

---

1. राम 2. बुद्धि 3. अज्ञानी 4. दामोदर, ईश्वर 5. संकट 6. और 7. शरीर 8. दुर्ग 9. क्षीण
10. बनजारों का सामान

पंथि चले अकेला होइ दुहेला, किसको देइ सनेह वे।
जन रैदास कहै बनिजारिया, तेरी कंपन लागी देह वे॥14॥

❖ ❖ ❖

बंदे जांनि साहिब गनीं[1]।
संमझि बेद कतेब बोले ष्वाब मैं क्या मनीं॥
ज्वांनीं[2] दुनी जमाल[3] सूरति। देखिये थिर[4] नाहिंबे।
दंम[5] छ सै सहंस इकईस[6] निसदिन खजानैं थें जांहि बे॥
मनीं मारे गर्व गाफिल। बेमिहर बेपीरबे।
दरीखानै[7] परत चोबां[8]। होता नहीं तकसीर बे॥
कुछ गांठि खरची मिहिर तोसा। खैर खूबी साथि बे।
धणीं का फुरमांन आया। तब कीय चले साथि बे॥
तजि बद[9] जब वेनजरि कमदिल। कुछ करि खसम[10] की कांणिबे[11]।
रैदास की अरदासि सुणि कुछ हक हिलोल[12] पिछानि बे॥15॥

❖ ❖ ❖

बीति आउ[13] भजनु नहीं कीन्हा।
सेत[14] भयउ तन थर थर कंपहि, हरि सिमरनु नहीं कीन्हां
सत संगत नहिं, गुर पद सेओ,[15] प्रेम कीरति नहिं गाई।
नहिं मनु रमयो प्रभ चरनन महिं, तन स्यों परीत द्रिढ़ाई
कह रैदास चलन की बिरियां, कोउ न होहु सहाई॥16॥

❖ ❖ ❖

---

1. बेपरवाह 2. जवानी 3. ख़ूबसूरत 4. स्थिर 5. श्वास 6. इक्कीस हज़ार छह सौ 7. दरगाह
8. छड़ी की मार 9. बुरा 10. पति, ईश्वर 11. मर्यादा रख 12. हक़ हलाल करना (मुहावरा),
विधिसम्मत 13. आयु 14. श्वेत 15. सेवा–पूजा करो

भक्ति ऐसी सुनहु रे भाई, आई भक्ति तब गई बड़ाई[1]।
कहा भयो नांचे अरु गाये, कहा भयो तप कीन्हैं।
कहा भयो जे चरन पखारे, जौं लौ परम तत्त नाहिं चीन्हें[2]।
कहा भयो जे मुंड मुड़ायो, बहु तीरथ व्रत कीन्हें।
स्वामीदास भक्त अरु सेवक, जो परम तत्व नहिं चीन्हें।
कह रैदास तेरी भक्ति दूरि है, भाग बड़े सो पावै।
तजि अभिमान मेटि आपो, पिपिलक[3] हूं चुनि खावै॥17॥

मनु मेरो थिरु न रहाई।
कोटि कौतिग[4] करि दिखरावै, इत उत जग मंहि धाई[5]।
माया ममिता मोह लपटानो, दिन-दिन उरझत जाई।
सुआन[6] पुच्छ[7] कभु होइ न सूधो, कीजहु लाख उपाई।
गुरु कौ ग्यांन प्रेम की सांटी,[8] कुबुध[9] कुकरम छुड़ाई।
कहि 'रैदास' मन थिरु ह्वैसी, चलि सब छांड़ि गुर सरनाई॥18॥

---

1. बड़प्पन, अहंकार 2. पहचाना 3. चींटी 4. कौतुक 5. दौड़ता है 6. कुत्ता 7. पूँछ 8. मारने की लकड़ी 9. कुबुद्धि

मन रे हरि भज साम सबेरे।

जौ जिहि करे वैसा ही पावै, करम फल तति काल[1] निबेरे[2]।

बहुरे[3] जगि कौन हू राजा, मन मंह भई बड़ाई।

करि हंकार[4] सत्त रिसि रथ जोये, जोनि[5] सरपहु[6] पाई।

मन मंह दरस कियौ थौ रावनि, निज बल देखि धिकाई।

दसरथ नंदन सर संहारयौ, लंक बभीषण पाई।

कियौ ठिठौली[7] जादव कपिल सौं, मन मंह कपट रचाया।

करि न्यंदा[8] साधु हरि जन की, अरवहु बंस नसाया।

यहु संसार काजलि कूं कोठरी, अरु विस हऊं रा कूंवा।

कहि रैदास होमैं, जग खाया, ज्यों नलिनी भू सूवा॥19॥

❖ ❖ ❖

मन रे! चलि चटसार[9] पढ़ाऊं।

चितु कागद करि मसि नैनन री, बाराखड़ी[10] सिखाऊं।

अ-अग्यांन छांड़ि मन मूरिख, आ-आसन-अचल लगाऊं।

इ-इला पिंगला खोलि किवरिया, सूंनि समाधि रहाऊं।

उ-उर मंह रामहि राखौं, नैननि मांहि बसाऊं।

म-मेरि[11] तजि, राम नाम मिलि, परम तत्त[12] को पाऊं।

र-रं राम मोहि गुरु रामा दीन्हों, नांहि इहु मंत्र बिसराऊं।

कहै रैदास ररंकार जपतहिं, भी सागरु तरि जाऊं॥20॥

❖ ❖ ❖

---

1. तत्काल 2. निवारण होता है 3. लौटे 4. अहंकार 5. योनि 6. सर्प की 7. मज़ाक, उपहास
8. निन्दा 9. पाठशाला 10. बारह अक्षरी 11. अहंकार 12. तत्त्व

माधौ ! तूं मम ठाकुर, हौं तुझ सेवगु, जनम जम तैं हौं तुझ सेवानुग।

जहां ते रावनु लंक जराई,[1] तहां हौं तुझ लछिमन भाई।

जहां बिंदबनु[2] तें बेनु बजाई, हौं हलधर होई धैन[3] चराई।

आदि अंत मधि[4] संग तिहारे, अब काहे करतहु निनारे[5]।

कहि रैदास वेगु[6] मिल ठाकुर, निज जन कूं लेह उधारि ॥21॥

रे मन माछला संसार समुंदे, तू चित्र विचित्र विचारि रे।

जिहि गालै गलियाही[7] मरिए, सो संग दूरि निवारि रे।

जस है डिगन, डोरि है कंकन, पर तिय[8] लागी जानि रे।

होइ रस लुबुध[9] रमै यों मूरख, मन पछितावे अजान रे।

पाप गुन्यो है धरम निबौली,[10] तू देखि-देखि फल चाखि रे।

परतिय संग भलौ जो होवे, तो रामौ रावन देखि रे।

कह रैदास रतन फल कारन, गोविंद का गुन गाई रे।

काच्यो कुंभ[11] भर्यो जल जैसे, दिन-दिन घटतो जाई रे ॥22॥

---

1. जलाई 2. वृंदावन 3. धेनु, गाय 4. मध्य 5. अनुनय-विनय 6. शीघ्र 7. गले में बाँहें डालकर 8. पर स्त्री 9. लुब्ध 10. नीम का फल 11. घड़ा

रे मन राम नाम संभारि[1]।

माया के भ्रम कहा भूलौ जाहिगौ कर झारि।
देखि धौं इहां कौन तेरो, सगौ सुत नहिं नारि।
तोरि तंग सब दूरि करिहें दैहिगे तनु जारि[2]।
प्रान गये कहु कौन तेरो, देखि सोचि बिचारिं।
बहुरि[3] इहिं कलिकाल माहीं, जीति भावै हारिं।
यहु माया सब थोथरी रे, भगति कौ प्रतिपारि[4]।
कहै रैदास सति वचन गुरु के, सो जीव ते न बिसारि॥23॥

❖ ❖ ❖

साधौ! का सास्त्रन[5] सुनि कीनी।
अनपायनी भगति नहीं साधी, मुखे अंन न दीनौ।
काम न विसर्यौ इयंभ न त्यागी, लोभु न विसर्यौ देवा।
पर निंदा मुख तै नहिं छाड़ी, निफल भई सबु सेवा॥
बाट पाड़ि[6] घर मूसि[7] परायौ, उदरि भरयौ अपराधी।
है अपराधी केसो न सिमरियौ, इहु अविद्या साधी॥
हरि अरपन करि भोजन कीनौ, कथा कीरत नहीं जानीं।
राम भगति बिन मुक्ति न पावै, अमर जीव गरावै प्रानी॥
चरन कंवल अनराग न उपज्यौ, भूत दया नहीं पाली।
रैदास प्रभु साध संगति मिलि, पूरन ब्रह्म सदा प्रतिपाली॥24॥

❖ ❖ ❖

---

1. स्मरण कर 2. जला देंगे 3. पुन: 4. पालन कर 5. शास्त्रों को 6. मार्ग बनाकर 7. घुसकर

हुसिआरी[1] हुसिआरा रे।

मन जपि लै राम पिआरा रे।

गाढ़ि कांचा तसकर लागा रे, तूं काहे न जान अभागा रे।

नेत्र पसारि[2] न देखै रे, तेरा जनम मरन केहि लेखे रे।

जन 'रैदास' राम मिलजै रे, कछु जागति पहरा कीजै रे॥25॥

❖ ❖ ❖

माया के भ्रम कहा भुलानो

अब कछु मरम विचारा हो हरि।

आदि मध्य अवसान, राम बिन, कोई न करे निवारा[3] हो हरि।

जल तै पंक, पंक तैं अम्रित, जल जलहिं सुध होइ जैसे।

ऐसे करम धरम जग बांध्यो, छूटे तुम बिन कैसे हो हरि।

जप तप विधि निषेध करुनामय पाप पुन्न[4] दोउ माया।

ऐसे मोहि तन मन गति बिमुख, जनम जनम डहकाया[5] हो हरि।

ताड़न,[6] छेदन,[7] त्रासन,[8] खेदन,[9] बहुविधि कर लेइ उपाई।

लोन खड़ी संजोग बिना जस, कनक कलंक न जाई हो हरि।

भनै रैदास कठिन कलि केवल, कहा उपाइ अब कीजै।

भव बूड़त[10] भयभीत जगत जन, कर अवलंबन दीजै हो हरि॥1॥

❖ ❖ ❖

---

1. होशियारी, सचेत 2. फैलाकर 3. निवारण, समाधान 4. पुण्य 5. भ्रमित किया 6. डाँट-डपट करना 7. काटना 8. कष्ट देना, भयभीत करना 9. पश्चाताप करना 10. डूबते हुए

इह तनु ऐसा जेसे घास की टाटी[1]।

जलि गइओ घासु, गलि गइओ माटी।

ऊंचे मंदर साल रसोई, एक घरी फुनि रहनु न होई।

भाई बंध कुटंब सहेरा, ओइ भी लागै काढु सबेरा[2]।

घर की नारि उरहिं तन लागी, उह तउ भूतु-भूतु करि भागी।

कहि 'रैदासु' सभे जगु लूटिआ, हम तउ एक राम कहि छूटिआ ॥2॥

कवन भगति ते रहै प्यारो पाहुनो[3] रे।

घरि-घरि देख्यौ मैं अजब अभावनो रे।

मैला मैला कपरा कहाँ लगु धोऊं।

आवै-आवै नींदड़ी रे कहा लौं सोऊ।

ज्यूं ज्यूं जोड़े त्यूं त्यूं फाटै।

झूठे सब जरै उठि गयो हाटै[4]।

कह रैदास परो जब लेख्यो।

जोइ-जोइ कियो सोइ सोइ देख्यो ॥3॥

---

1. घास का गट्टुर 2. जल्दी 3. अतिथि 4. बाज़ार से

ऐसी भगति न होइ रे भाई।

राम नाम बिनु जे कछु करिए, सो सब भरम कहाई।

भगति न रस-दान, भगति न कयै ग्यांन, भगति न बन मैं गुहा[1] खुदाई।

भगति न ऐसी हांसी, भगति न आसा पासी,[2] भगति न कुल कांनि[3] गंवाई।

भगति न इंद्री बांधे, भगति न जोग साधै।

भगति न आहार[4] घटाई, ऐ सब करम कहाई।

भगति न निद्रा साधै, भगति न वैराग बांधे

भगति न ऐ सब वेद बड़ाई।

भगति न मुंड मुडाए, भगति न माल दिखाई।

भगति न चरन धोवाए, ऐ सब गुनी जन गाई।

भगति न तौं लौं जानी, जो लौं आप (कौ) बखानी।

जोई जोई करै, सोई सोई करम बड़ाई।

आपौ[5] गई तब भगति पाई, ऐसी भगति है भाई।

राम मिल्यौ अपनौ गुन खोयौ, रिधि सिधि सबै जु गंवाई।

कहै रैदास छूटि सब आस, तब हरि ताही कै पास।

आतमा थिर भई, तब सबही निधि पाई।।4 ।।

---

1. गुफा 2. बंधन 3. मर्यादा 4. भोजन 5. अपनापन

कहा सूते[1] मुग्ध नर काल के मंझि[2] मुख,
तजिय वस्तु, राम चितवत् अनेक सुख।
असह धीरज लोप क्रिस्न उभरंत कोप, मदन भुवंग नाहिं मंत्र जंत्रा।
विसम[3] पावक ज्वाल ताहि वार न पार लोभ सर्पिनी ग्यांन हंता[4]।
विसम संसार लौ लहरि व्याकुल तबै, मोह गुन विसय सन बंध भूता।
टेरि[5] गुर गारुड़ी[6] मंत्र स्रवना[7] दीयौ, जागि रे राम कहि काहे को सूता।
सकल समरथ जती[8] संत मति कही तिती, पाई न पन्नग[9] मति परम बेता।
ब्रह्मरिसि, नारद, संभु सनकादिक, राम-नाम रमति पार भए तेता।
जजन-जाजन[10] जाप रटन जाय तीरथ दान, औषधि रसिक कंद मूल देता।
नाग दवनि जलजरी[11] राम सुमिरन बरी भनत[12] रैदास चेतनि चेता॥5॥

❖ ❖ ❖

कूपु[13] भरिओ जैसा दादिरा[14] कछु देसु विदेसु न बूझ[15]।
ऐसे मेरा मन बिखिआ[16] बिमोहिआ,[17] कछु आरा पारु न सूझ।
सभल भवन के नाइका[18] इकु बिनु दासु दिखाइ जी।
मलिन भई मति माधवा, तेरो गति लखी न जाइ।
करहु क्रिपा भ्रमु चूकई मैं सुमति देहु समझाई।
जोगीसर[19] पावहिं नहीं, तुअ गुन कथनु अपार।
प्रेम भगति क कारनें, कहु 'रैदास' चमार॥6॥

❖ ❖ ❖

---

1. सोया हुआ है 2. मध्य 3. कठिन 4. ज्ञान को नष्ट करने वाली 5. आवाज़ दो 6. साँप का ज़हर मंत्र से उतारनेवाला 7. कानों से 8. यति 9. सर्प 10. वेदविधि के अनुसार 11. शिवलिंग के ऊपर लटका बर्तन जिससे पानी झरता है 12. कहता है 13. कुआँ 14. मेंढक 15. समझ 16. विषयों 17. मोहित हुआ 18. नायक, भगवान 19. जोगीश्वर

का तू सौवे जागि दिवाना, झूठा जीवन सतकरि[1] जाना।
जो दिन आवै सो दुख में जाही, कीजै कूंच[2] रहन चिर[3] नाहीं।
सुग चलि है हमें भी चलना, दूरि गवन सिर ऊपरि मरना।
जो कुछ बोया लुनिए[4] सोई, तामे फेरफार कस होई।
छाँड़िय कर भजौ हरि चरना, ताका मिट जनम अरु मरना।
आगे पंथ खरा है झीना, खाड़ै[5] धार जैसा है पैना।
तिस उपर मारग है तेरा, पंथी पंथ संवरि सबेरा।
क्या तैं[6] खरचा क्या तैं खाया, चल दरिहाल[7] दीवान बुलाया।
साहिब तो पै लेखा लेसी, भीर परे तूं भरि-भरि देसी।
जनम सिराना[8] पथ न संभारा, सूझि मया दसदिसि अंधियारा।
कह रैदास अज्ञान दिवाना, तसि नहिं दुनिया फन खानै[9] ॥7॥

❖ ❖ ❖

केसवं विकट माया तोर, तातें विकल मति गति मोर।
सुबिख डंस कराल[10] अहि मुख ग्रसित सुदिल समेख।
निरषि माखी[11] भखत[12] व्याकुल, लोभ काल न देख।
इन्द्रियादिक[13] दुख दारुन, असंख्यादिक पाप।
तोहि भजन रघुनाथ अंतरि,[14] ताहि त्रास न ताप।
प्रतिग्यां प्रतिपाल चहुं जुग भगति पूरन काम।
आस मोहि भरोस तोर है, रैदास जै-जै राम ॥8॥

❖ ❖ ❖

---

1. सत्य करके 2. प्रस्थान 3. स्थायी 4. लीजिए 5. तलवार 6. तूने 7. पैदा करनेवाले का स्थान
8. समाप्त हो गया 9. फ़न्ने ख़ाँ, बहादुर 10. भयंकर 11. मक्खी 12. खाता है, निगलता है
13. इंद्रियाँ आदि 14. हृदय

गोविन्दे! तुम्हरे चरनारविंद स्यों[1] समाधि लागी।
उर भुअंग[2] भसम अंग, संतत वैरागी।
जाके तीन नेन अम्रित बैन सीस जटाधारा।
कोटि कलप ध्यान अलप, मदन अंतकारी।
जाके नीलबरन सकल ब्रह्म गले मुंडमाला।
प्रेम मगन फिरत नमन, संग सखा बाला।
अस महेस विकट भेस, अजहूँ[3] दरस आसा।
कैसे राम मिल्यौ तोहि गावे रैदासा॥9॥

❖ ❖ ❖

गोविन्दे भवजल[4] व्याधि[5] अपारा, तामे सूझे वार व पारा।
अगमगेह दूर दुरंतर बोलि भरोसौ दीजै।
तेरी भगति संत आरोहन, मोहिं चढ़ाव न लेहूं।
लोह की नांव पखानन[6] बोझी, सुक्रित भाव विहीना।
लोभ तरंग मोह भयो काला,[7] मीन भयो मन लीना।
दीनानाथ सुनहूं मम बिनती, कवने[8] हेतु बिलंब करीजै।
रैदास दास संत चरनहि मोहि अवलंबन दीजै॥10॥

❖ ❖ ❖

---

1. से 2. भुजंग, साँप 3. अभी भी 4. संसार समुद्र 5. रोग 6. पत्थर 7. काल, मृत्यु 8. किसके लिए

जग में वेद-वेद मानिजै।

इनमें और अकथ[1] कछु औरे, कहौ कौन परि कीजै।

भौजल व्याधि असाधि[2] प्रबल अति प्रबल पंथ न महीजै।

पढ़े सुनै कछ समझि न पाई, अनभै पद न लहीजैं।

चष[3] विहीन करतारि चलत है, तिनही न अस भुज दीजै।

कह रैदास विवेक तत्त बिनु, सब मिलि गरक[4] परीजै॥11॥

❖ ❖ ❖

जयाहां देखो वाहां चाम ही चाम।

चाम के मंदिर बोलत राम।

चाम की गऊ चाम का बचड़ा[5]।

चामहि धुन चामहि ठांडां।

चाम का हाती,[6] चाम का राजा।

चाम के ऊंट पर, चाम का बाजा॥

कहत 'रैदास' सुनो कबीर भाई।

चाम बिना देह किनकी बनाई॥12॥

❖ ❖ ❖

---

1. अकथनीय, ब्रह्म 2. असाध्य 3. चक्षु, नेत्र 4. ग़र्क़, डूबा हुआ, नष्ट 5. बछड़ा 6. हाथी

जे ओहु अठसठि[1] तीरथ न्हावै, जे ओहु दुआदस सिला[2] पुजावै।
जे ओहु कूप तटा[3] देवावै, करे निंद सम बिरथां जावै।
साध का निंदक कैसे तरे, सर पर जानहू नरक ही परै।
जै उहु ग्रहन करै कुल खेति, अरपे नारि सींगार समेति।
सगली सिंम्रिति स्रवनी सुनै, करैं निंद[4] कवनै नहीं गुनै।
जे ओहु अनिक प्रसाद करावै, भूमिदान सोभा मंडपि पावै।
अपना बिगारि बिरांना साढै, करै निंद बहु जोनी हाढैं।
निंदा कहा करहु संसारा, निंदक का परगटि पाहारा[5]।
निंदक सोधि साधि बिचारिआ, कह 'रैदास' पापी नरकि सिधारिआ[6] ॥13॥

❖ ❖ ❖

जो सुख होत साध कूं भेटे,[7] गावत स्याम सकल दु:ख मेटे।
ते किम जांनहि से तन महमा,[8] जौ माया जंजाल लपेटे।
अटु पहरि तिन्हि कछु नहिं सूझई, ज्यूं तेली कूं व्रिषभ[9] संकेटे।
जौ जन राम नाम नहिं उचरे, उर भरइ ज्यूं गरदम लेटे।
जन 'रैदास' रामु बल गरजति, मनहुँ च्यारि पदारथ भेंटे॥14॥

❖ ❖ ❖

---

1. अड़सठ 2. बारह शिवलिंग 3. तालाब 4. निंदा 5. दुकान (ठग की) 6. गया 7. भेंट करने
पर 8. महिमा 9. बैल

थोथा[1] जिनि पछोंरो[2] रे कोई, पछोरी जामे निजकन होई।
थोथी काया, थोथी माया, थोथी हरि बिन जनम गंवाया।
थोथा पंडित, थोथी बानी, थोथा हरि बिन सबै कहानी।
थोथा मंदिर भोग विलासा, थोथी आन देव की आसा।
सांचा सुमिरन नाम पिपासा, मन वच करम कहै रैदासा॥15॥

दारिदु[3] देखि सभ कौ हंसै, ऐसी दसा हमारी।
अस्टादस[4] सिधि करतलै, सभ क्रिपा तुम्हारी॥
तू जानत मैं किछु नहीं, भव खंडन राम।
सकल जीअ सरनागती, प्रभ पूरन काम॥
जौ तेरी सरनागता, तिन नाही भारु।
ऊंच-नीच तुम ते तरे आलजु संसारु॥
कहि 'रैदास' अकथ कथा, बहु काइ करीजै।
जैसा तू, तैसा तूही, किआ[5] उपमा दीजै॥16॥

---

1. तत्त्वरहित 2. सूप में रखकर इस प्रकार उछालना कि उसमें कचरा अलग हो जाए 3. दारिद्रय, ग़रीबी 4. अठारह 5. क्या

दुधु त बछरै थनहु[1] बिटारियो, फूलु भंवरि, जल मीनि[2] बिगारिओ।
भाई गोबिंद पूजा कहां लै चरावउं,[3] फल औरु फूल अनूपम न पावऊं ॥
मैलागार[4] बेहै हैं भुइअंगा,[5] विसु अम्रित बसहि इक संगा।
धूप दीप नइवेदहिं[6] वासा, कैसे पूज करहि तेरी दासा।
तनु मनु अरपऊं पूज चरावऊं, गुर परसादि निरंजनु पावऊं।
पूजा अरचा आहि न तोरी, कहि 'रैदास' कवन गति मोरी ॥17॥

❖ ❖ ❖

दुर्लभ जनमु पुन फल पाइओ, बिरथा[7] जात अबिबेकै।
राजे इंद्र समसरि ग्रिह आसन, बिनु हरि भगति कहहु किह लेखै।
न बिचारिओ राजा राम को रसु, जिह रस अनरस बीसरि[8] जाहीं।
जानि अजान भए हम बावर,[9] सोच असोच दिवस जाहीं।
इंद्री सबल, निबल विवेक, बुधि परमारथ परसेव नाहीं॥
कहिअत आन, अचरिअत[10] आन, कछु समझ नपरै ऊपर भाइआ।
कहि 'रैदास' उदास दास मति, परहरि, को परहु जीअ दइआ ॥18॥

❖ ❖ ❖

---

1. स्तन को 2. मछली 3. चढ़ाऊँ 4. मलयागिरि 5. साँप 6. नैवेद्य में 7. व्यर्थ 8. विस्मरण
9. पागल 10. आचरण करता है

देव, संसै[1] गांठि न छूटै।

काम क्रोध माया मद मतसर,[2] इन पंचहु मिलि लूटै।

हम बड़ कवि, कुलीन, हम पंडित, हम जोगी संन्यासी।

ग्यांनी गुनी, सूर हम दाता, इह बुधि कबहुँ न नासी।

पढ़ै गुनै कछु समझि न परहीं, जौं लौं अनभै भाउ न दीसै।

लोहा कंचनु हिरनु होइ कैसे, जउ पारसहिं[3] न परसै।

कहु 'रैदास' सभै नहिं समझसि, भूल परें जस बउरे[4]।

मोहि अधारु नाम नराइन, जीवन प्रान धन मोरे ॥19॥

❖ ❖ ❖

नाथ! कछुअ न जानउं, मन माइआ[5] के हाथि बिकानउं[6]।

तुम कहीयत हों जगत गुर सुआंमी, हम कहीअत कलिजुग कै कामी।

इन पंचन मेरी मन जु बिगारिओ, पलु हरि जीतै अंतरु पारिओ।

जत देखउं तत दु:ख की रासी, अजौव न पत्याह[7] निगम भए साखो।

गौतम नारि उमापति स्वामी, सीसु धरनि सहस भग गामी।

इन दूतन खलु[8] वधु करि मारिओ, बड़ी निलाजु[9] अजहूं नहिं हारिओ।

कहि रैदास कहा कैसे कीजै, बिनु रघुनाथ सरिनका की लीजै ॥20॥

❖ ❖ ❖

---

1. संशय, दुविधा 2. मत्सर, ईर्ष्या, द्रेष 3. पारस से 4. पागल 5. माया 6. बिक गया 7. विश्वास करता है 8. दुष्ट 9. निर्लज्ज

नहीं विस्रां[1] लहौं[2] धरनीधर, जाके सुरनर संत सरन अभिअंतर।
जहां जहां गयौ तहाँ जनम काछै, त्रिविध ताप त्रिभुवनपति पाछै।
भये अति छींन खेद माया बस, जस तिस ताप मरिहैं ते तस।
द्वारे नंद सा बिकट विस कारन, मूलि परयौ मन या[3] विसियावन[4]।
कहै 'रैदास' सुमिरौं बड़ राजा, काटि दिया जन साहिब लाजा ॥21॥

❖ ❖ ❖

नाथ! कछ अनजानो, मन माया के हाथ बिकानो।
चंचल मनुआ चहुंदिसि धावै,[5] पांचों इन्द्री थिर न रहावै।
तुम कहियत हौ जगतगुरु स्वामी, हम कहियत कलियुग के कामी।
लोक वेद तेरी सुकृत बड़ाई, लोक लीक[6] मेरी तजी न जाई।
इन पंचन मेरो मन जु बिगार्यो, पल-पल हरि जू सौ अंतर पाइओ।
सनक सनन्दन महामुनि ग्यांनी, सुक नारद और व्यास बखानी।
गौतम नारि उमापति स्वामी, शेष सहस्र मुख कीरति गामी।
जत देखौ तत दु:ख की रासी, अजौं न पतिआहु,[7] निगम भए साखी।
यमदूतन खलु बहुविध मार्यो, तऊ निलज अजहूं नहिं हारयो।
हरिपद विमुख आस नहिं छूटें, तातें तृस्ना दिन-दिन लूटे।
बहु विध करम लिये भटकावै, तुम्हें दोस हरि कौन लगावै।
केवल राम नाम नहिं लीआ, सतत, बिसै[8] स्वाद चित दीआ।
कह रैदास कहा कस कीजै, बिन रघुनाथ करन का की लीजै ॥22॥

❖ ❖ ❖

---

1. विश्राम 2. प्राप्त करता हूँ 3. इन 4. विषयों में 5. दौड़ता 6. मर्यादा 7. विश्वास करूँ
8. विषय में

प्रभु जी तुम औगुन बकसनहार[1]।

हऊं[2] बहु नीच उधरौ पातकी, मूरिख निपट गँवार।

मो सम पतितं अधम नहिं कोउ, खीन दुखी बिसयार।

नांम सुनहि नरकु भजै ह्वे, तुम्ह बिन कंवन हमार॥

पतित पावन बिड़द[3] तिहारौ, आइ परौं तोहि दुवार।

कहि रैदास इहु मन आसा, निज कर लेहु उबार॥23॥

पांडे! हरि विचि अंतर डाढ़ा[4]।

मुंड मुडावै सेवा पूजा, भ्रम का बंधन गाढ़ा।

माला तिलक मनोहर बानौ,[5] लागौ जम की पासी[6]।

जौ हरि सेती जोड्या चाहो, तौं जग सों रहौं उदासी।

भूख न भाजै, त्रिस्ना न जाई, कही कौन कवन गुन होई।

जी दधि में कांजी[7] को जांवन,[8] तौ घ्रित[9] न काढ़े कोई।

कहनी कथनी ग्यांन अचारा, भगति इनहूं सौ न्यारीं।

दोई घोड़ा चढ़ि कौउ न पहुंचो, सतगुर कहै पुकारी।

जौ दासातन कीयौ चाहौ, आस भगति की होई।

तौ निरमल सांग मगन है नाचौ, लाज सरम सब खोई।

को दाधों कोई सीधौ, सांचो कूड़ निति मार्या।

कहे 'रैदास' हों न कहत हों, एकादसह[10] पुकार्या॥24॥

<hr>

1. बख्शने वाले, देनेवाले 2. मैं 3. यश 4. आग, जला 5. वेश 6. बंधन 7. सिरका में नमक, राई आदि के मिश्रण से तैयार खट्टा पेय 8. जामन 9. घी 10. ग्यारह

मन मोरा माया मंह लपटानो।

विसासकत[1] रहियो निसवासर, अजहुं नाहिं अघानो[2]।

कामी कुटिल लबार[3] कुचाली, समझइ नहीं समुझानो।

सति संगत पलु नहीं कीन्हीं, मन मूरिख बहु गरवानो।

सोवत खात दिन रैन बिताई, ताहि मैं रसना सुख मानो।

माया मंहि हिल मिलि रहियौ, फोकट सारे जनम गंवानो।

कहि रैदास कछु चेत बावरे, नाम बिन नहिं उपरानो[4] ॥25॥

❖ ❖ ❖

बरजि हो बरजि बीठुले,[5] माया सब जग खाया।

महा प्रबल सबहीं बस करिये, सुर नर मुनि भरमाया॥

बालक विरध[6] तरुन अति सुंदर, नाना भेख बनाया।

जोगी जती तपी संन्यासी, पंडित रहन न पाया।

बाजीगर[7] की बाजी कारनि, सबको कौतिग[8] भावै।

जो देखे सो भूलि रहे, वाका चेला मरम जु पावे॥

खंड ब्रहमांडि लोक सब जीते, येहि विधि तेज जनावै।

सबहीं का चित चोर लियो है, वाके पीछै लागा धावै॥

इन बातन से पचि[9] मरियत है, सबको रहे उझारि।

नेक[10] अरक किन राखी केसव, मेटौ बिपत हमारी।

कह रैदास उदास भयो मन, भांजि[11] कहां अब जाहि।

इत उत तुम गोबिंद गुसाईं, तुमहीं मांहिं समाई॥26॥

❖ ❖ ❖

---

1. विषयासक्त 2. तृप्त 3. बहुत बोलने वाला 4. उपराम, विश्राम 5. विष्णु, ईश्वर 6. वृद्ध
7. जादूगर 8. कौतुक 9. प्रयत्न करके 10. थोड़ा–सा 11. भाग कर

माटी को पुतरा कैसे नचतु है।

देखै सुनै बोले दौरयो फिरतु है।

जब कछु पावतु गरब करतु है, माइया[1] गई तब रोवनु लगतु है।

मन वच क्रम रस कसहिं लुभाना, बिनसि[2] गइआ जाइ कहूं समाना।

कहि रैदास बाजी जगु भाई बाजीगर संऊ[3] मोहिं प्रीति बनिआई ॥27॥

❖ ❖ ❖

बापुरो सति[4] रैदास कहै रे।

ग्यान विचार चरनि चित राख, हरि की सरनि रहै रे।

पाती तोरें[5] पूजि रचावै, तारन तरनि कहै रे।

मूरति मांहि बसे परमेसर, तौ पांनि मांहि तिरै रे।

त्रिविध संसार कौन विधि तिरबों, जो द्रिढ़ नांव न गहे रे।

नांव छाड़ि जे डूंगी[6] बसे, तौ दूना दुःख सहे रे।

गुरु को सबद अरु सुरति कुदाली, खोदत कोउ लहै रे।

राम काहु के बाट न आयो, सोना कूल बहै रे।

झूठी माया जग डहकाया,[7] तो तीनि ताप दहै रे।

कह रैदास राम जपि रसना, माया काहू के संग न रहै रे ॥28॥

❖ ❖ ❖

---

1. माया 2. नष्ट 3. से 4. सत्य 5. तोड़कर 6. डोंगी, छोटी नाव 7. भरमाया

माया मोहिला काहां,
मैं जन सेवक तेरा।
संसार प्रपंच में व्याकुल परमानंदा,
त्राहि-त्राहि अनाथ नाथ गोविंदा मोरी
रैदास बिनवै[1] कर जोरीं,[2] अबिगत नाथ कवन गति मोरी ॥29॥

❖ ❖ ❖

म्रिंग मीन पतंग कुंचर,[3] एक दोष विनास।
पंच दोख[4] असाध जा महि, ता की केतक आस।
हक माधो अविदिआ हित कीन, विवेक दीप मलीन।
त्रिगद जोनि अचेत सम्भव, पुनं पाप असोध।
मानुषा अवतार दुरलभ तिही, संगति पोच।
जीउ जंत जहाँ जहाँ लगु, करम के बसि जाइ।
काल फांस अबध[5] लागे, कछ न चले उपाई।
'रैदास' दास उदास तजु भ्रमु, तपन तपु गुर गिआंन।
भगत जन धै हरन परमानन्द, करहु निदान ॥30॥

❖ ❖ ❖

---

1. विनय करता है 2. हाथ जोड़कर 3. हाथी 4. पाँच दोष—काम, क्रोध, मद, लोभ और अहंकार
5. अवध्य

संतो अनिन[1] भगति यह नाहीं।

जब लगि सतरज, तुम तीनो गुन व्यापत है या माहीं।

सोइ आनि जू हरि बिच अंत अपमारग[2] को तानै।

काम, क्रोध, मद, लोभ, मोह की, पल-पल दूजा ठांनै।

सत्य सनेह, इष्ट अंग लावे अस्थल-अस्थल[3] खेलै।

जो कछु मिले आन आखर, सो सुत दारा[4] सिर मेलै।

हरिजन हरि बिनु और न जानै, तजै आन तन त्यागी।

कह रैदास सोइ जन त्रिमल, निस दिन जिन अनुरागी॥31॥

सति बोले सोई सतवादी, झूठी बात बची रे

पांडे कैसे पूज रची रे।

जो अविनासी सबका करता,[5] व्यापि रह्या सब ठौर[6] रे।

पंच तत कीया पसारा, सो योही किधो और रे।

तू जो कहत है यो हों करता, थामें मनिस करे रे।

तान सिकति[7] सती नै यामे, तो आपन क्यूं न सिरे रे॥

अही भरोसे सब जग बूझछ, गुनि पंडित की बात रे।

याके दरसि कौन गुन छूटा, सब जग आया जान रे।

याकी सेव सूल नहीं भीजै, कटै न संस पासि[8] रे।

सोचि विचारि देखिया, सूरति यों छड़ि रैदास रे॥32॥

---

1. अनन्य 2. कुमार्ग 3. जगह–जगह 4. स्त्री 5. कर्ता 6. स्थान 7. शक्ति 8. बंधन

मरम कैसे पाइब रे।

मो सों कोऊ न कहै समुझाई, जाते आवागमन बिलाई[1]।

बहु विधि धरम निरुपिये,[2] करता दीसै[3] सब कोई।

जेहि धरमें भ्रम छुटिहै, सो धरम न चीन्हें कोई।

करम अकरम विचारिये, सुनि–सुनि वेद पुरान।

संसा सदा हिरदै बसे, हरि बिन कौन हरे अभिमान।

बाहर उदक[4] पखारिये,[5] घट भीतर विविध विकार।

सुचि कवन विधि होइये, सुच[6] कुंजर[7] विधि व्यौहार।

सतजुग त्रेता तप करते, द्वापर पूजा अचार।

तिहुं जुगी तीनो द्रिष्टि, कलि केवल नाम अधार।

रवि परगास रजनी तथा गति जानत सभ संसार।

पारस मानों तांबो छुये, कनक होत नहिं बार।

धन जोवन हरि ना मिले, दु:ख दारुन अधिक बिकार।

एके एक वियोगिया, ताके जाने सब संसार।

अनेक जतन करि टारिये, टारे न टरे भ्रम फांस।

प्रेम भगति नहिं उपजै तातें, जन रैदास उदास ॥33॥

❖ ❖ ❖

---

1. विलीन 2. वर्णन करो 3. दिखाई पड़ते हैं 4. जल 5. प्रक्षालन कीजिए, धोइए 6. पवित्र 7. हाथी

साखी

हरि सा हीरा छांड़ि कै, करी आन[1] की आस।
ते नर जमपुर जाहिंगे, सत भाषै[2] रैदास ॥1॥
अनतरगति राचैं[3] नहीं, बाहर कथें[4] उदास[5]।
ते तन जमपुर जाहिंगे, सत भाषै रैदास ॥2॥
रैदास कहै जाके हृदें,[6] रहे रैन दिन राम।
सो भगता[7] भगवन्त सम, क्रोध न व्यापै काम ॥3॥
जा देखै घिन[8] ऊपजै, नरक कुंड में बास।
प्रेम भगति सों ऊधरे,[9] प्रगटत जन रैदास ॥4॥
रैदास तूँ कांवच[10] फली, तुझे न छीपै[11] कोइ।
तैं निज नाँव न जानिया, भला कहां ते होइ ॥5॥
रैदास राति न सोइये, दिवस न करिये स्वाद।
अह-निसि[12] हरिजी सुमिरिये, छाड़ि सकल प्रतिवाद ॥6॥
हरि हरि कहै हारै नहीं, विसरि न सांसै सांस[13]।
पापनि ते परत खसही, निरवरित[14] जन रैदास ॥7॥
सब सुख पावै जासु तैं, सो हरि जू को दास।
कोउ दुख पावै जासु[15] तें, सो न दास हरिदास ॥8॥
हरि गुर साथ समान चित, विन आगम ततमूल।
इन बिच अन्तर जिमि परी, करवत सहन कथूल[16] ॥9॥

---

1. अन्य 2. कहता है 3. अनुरक्त 4. कहते हैं 5. अन्यमनस्क 6. हृदय 7. भक्त 8. घृणा 9. उद्धार हुआ 10. एक प्रकार की औषधि 11. छूना 12. दिन-रात 13. हर श्वास में 14. निवृत्त 15. जिससे 16. कथील, कथीर, जस्ता

ओघट[1] घाट घनां घनां रे निर्गुण बैल हमार।
रांम नांम हम लादियौ ताथैं बिष लाघौ संसार॥10॥
अनंतही धरती धन धर्यौ अनंतहि ढूंढन जाइ।
अनत कौ धर्यौ न पाईये ताथैं[2] चाल्यौ मूल गंवाई॥11॥
रैणि गँवाइ सोइ करि धौंस[3] गंवायो षाइ।
हीरा यहु तंन पाइ करि कोडी बदले जाइ॥12॥
साध संगति पूजी भई बस्त[4] लइ निरमोल।
सहज बलदिया लादि करि चहूँ टांडो[5] मोल॥13॥
जैसा रंग पतंग का तैसा यहु संसार।
रमइया रंग मजीठ का ताथैं भणि[6] रैदास चमार॥14॥

---

1. दुर्गम, कठिन 2. जिससे 3. दिवस 4. वस्तु 5. भार, वज़न 6. कहता है

प्रहलाद चरित

पुर पत्तन[1] मुलतांन तहां हिरनाकुंस राजा।

पुत्र भये प्रहलाद सरै[2] सबहिन के काजा॥

जोसी जाय र पूछी यौ भये सुत राज

कुमार या बालक सम को नहीं ऐ असुर सिंघारन[3] काज॥1॥

कै धौं रे प्रहलाद कहा गुन तू पढ़्यौ।टेक॥

पढ़्यौ राम कौ नांम आन हिरदै नहि आंनौं[4]॥

र रौ म मौ दोय[5] आंक[6] और तीजौ नहिं जांनौं॥

कहा पढावै बावरे और सकल जंजाल॥

भौ सागर जम लोक मै मोहि कौंन उतारे पार॥2॥

राम गुण में पढ़यौ ।टेक॥

सुनि राजा परजरयौ[7] रोस मन मैं अति कीनौं॥

मेरौ बैरी[8] रांम सो तैं हिरदे धरि लीनौं॥

ऐ पढिबौ तू छाडि दे रे कहौ हमारौ मांनि॥

टूक टूक करि डारिहौं रे जब र सुनौं हरि कांनि[9]॥3॥

---

1. नगर 2. पूरे हुए 3. संहार 4. लाया 5. दो 6. अंक, अक्षर 7. प्रज्ज्वलित हुआ, क्रोधित हुआ
8. राम 9. कान में

जौ बरजै[1] सो बार कह्यौ तेरी नहि मांनौ॥

छांडि सिंघ की सरन गीध कै गवनिन लागौ॥

पूरन ब्रह्म सकल मई जा कौ ऐ बिसतार॥

जा कै रांम सहाये हैं ताहि कौंन सकगौ मारि॥4॥

सभा लई बुलाइ कहौ धौं कहा बिचारौ॥

लै देषी परतीति[2] जाय गिरवर[3] तैं डारौ॥

सकल सभी मिलि लै चले लै गये सेल[4] चढाय।

पंछी हू की गम नहीं तहाँ दीयौ छिटाय[5]॥5॥

जब पिरथी आधीन दीन होय दुरसन आई॥

मस्तक चरन छुवाई लीये हिरदा सौं लाई॥

कहा भगत कौं त्रास[6] है आदि अंत नहिं और॥

अब कै सेवा चूकि हौं तौ नहि तीन लोक मैं ठौर॥6॥

हसत हसत प्रहलाद पढन जब साल[7] पधारै॥

उचरत रंरंकार[8] सकल तजि सव परहारे॥

परषि लेत परचौ भयौ मनि उपज्यौ बिसवास।

सकल सभा आनंद भइ इक राज फिरत उदास॥7॥

असुर भयौ मति हीन जाय लै पावक दीनौ ॥
अंगि ज्वाला परजरी[1] तहाँ द्रिढ आसन कीनौ ॥
सकल देव रिछया[2] करैं पावक निकट न जाय ॥
पठयौ[3] सीत सहाय कौं मांनौ मीन मकर मैं न्हाय ॥8॥

ना जांणौं कछु जंतर मतर[4] नट नाटिक कीनौं
अजहूं न समझत अंध जाय लै कूपे दीनौं ॥
सुर नर मुनि जन जानहीं ध्रुव नारद से साषि ।
जा कै रांम सहाय है रे ताहि कों हौ ले राषि ॥9॥

प्रफुलित है प्रहलाद मंदिर मांहीं जब आये ॥
षोजत षोजत असुर जाय प्रहलाद संताये ॥
तो कौं राषै[5] जो कहां अब र छाडि हूँ नांहि ।
कोमल बचन कुंवर जब बोल्यो मो पति षंभा मांहि ॥10॥

रे निस बासुर नहिं मरौं खडग बांणा नहीं बैधे
जल ज्वाला मैं मरौं जुध कोउ जिंद न छेदै ॥
छाया माया नां मरौं नां मरौं धरनि[6] अकास ॥
मति ब्रह्मर कह कहर कहै रे सोचत त्रिभवन नाथ ॥11॥

रे ऐ तौ कहा है गरब राम है गरब प्रहारे॥

सब देव तुम से बलि हिरणाछि आदि बराहा सिंघारै[1]

सब देवन कौ देव है सब ईसन कौं ईस॥

मो मै तो मैं षडग षंभ मैं पूरि रह्यो जगदीस॥12॥

कर गहि लीनौं षडग कोपि[2] सनमुष[3] भयौ ठाढ़ौ

देषौ जै है भगि षंभ सौं कीनौं गाढ़ौ

बार बार तो सौं कहीं एह अंदेसौ मोहि॥

जे षंभ मैं राम है तौ क्यों न छुडावै तोहि॥13॥

असत भयौ है भांन[4] उदौ रजनी जब कीनौं॥

अधर खंभ कि छाह उठाय जंघन परि लीनौं

नष सुं उदर बिंदारियौं तिलक दीयौ प्रहलाद॥

सप्त दीप नव षंड मैं भई तीन लोक मैं गाज[5]॥14॥

जहां जहां संकट परे संत के कारज सारे[6]।

हम से अधम उधारि कीये नरकन सौं न्यारे॥

सुर नर मुनि गंध्रब रटैं सब कौ सुष निवास

मनसा वाचा करमना ए गावै जन रैदास॥15॥

❑❑❑

---

1. संहार किया 2. क्रोधित होकर 3. सम्मुख 4. सूर्य 5. गर्जना 6. पूरे करते हैं